Hans Stolp
Mit Engeln leben

Hans Stolp

MIT ENGELN LEBEN

Ein spiritueller Weg

Aquamarin Verlag

2. Auflage 2004
© Aquamarin Verlag
Voglherd 1 • D-85567 Grafing

© der Holländischen Originalausgabe:
2002 Verlag Ankh-Hermes bv, Deventer

Aus dem Holländischen von Andrea Fischer

Das Titelbild zeigt eine künstlerische
Arbeit von Heidi Schmidinger • Wasserburg am Inn
Umschlaggestaltung: Annette Wagner

ISBN 3-89427-252-X

Druck: Ebner & Spiegel, Ulm

Inhalt

Zum Geleit 9
Mit Engeln leben 13
Die Geschenke der Engel an uns 22
Was wir den Engeln schenken können 33
Wie Paulus die Engelwelt sah 42
Liebe als geistige Nahrung 51
Die Engelleiter 51
Die geistige Nahrung der Engel 54
Was wir den Engeln schenken dürfen 57
Mit den Engeln verwandt 63
Mit den Engeln verwandt und doch verschieden 63
Wie die Engel Einblick erhalten 67
Der Mensch wird über die Engel gestellt 69
Die Engelwelt 73
Die zehnte Hierarchie 99
Das Werk der Urkräfte 111
Das Zeitalter Michaels 125
Michael und Christus 139
Mit Engeln leben II 151
Anmerkungen 158

Für Janny

Leben bedeutet zu wachsen,
das Alte loszulassen,
um offen zu bleiben
für das Neue -
stets aufs Neue.

Leben bedeutet
empfänglich zu werden und zu bleiben
für das, was hinter
dem Sichtbaren verborgen ist.

Leben bedeutet zu erfahren,
was mein Lebensauftrag ist,
und diesen dann zu erfüllen
in Dankbarkeit und Staunen.

Leben bedeutet,
die Liebe zu leben,
die Liebe zu sein.

Zum Geleit

Liebe Leserin, lieber Leser

Wenn Sie diese Zeilen lesen, blättern Sie schon in Ihrem x-ten Buch über Engel. Denn Engel sind „in". Das an sich ist bereits etwas Besonderes, denn lange Zeit haben wir den Engeln keinerlei Beachtung geschenkt, einfach weil die meisten Menschen dachten, dass Engel nicht existieren. Auf die eine oder andere wunderliche Weise ist dieser Unglaube in unserer Zeit einer großen Faszination für die Engel und ihre Welt gewichen. Unser Bewusstsein öffnet sich wieder für die Existenz der Engel. Dass dies geschehen kann, dürfen wir dem Werk des Erzengels Michael zuschreiben, dem führenden Erzengel unserer Zeit, der unsere Herzen wieder für die geistige Welt und ihre Bewohner öffnet. Denn Michael ist es, so überliefert es die esoterische Tradition, der uns in unserer Zeit inspiriert und uns mit Hilfe seiner Inspiration wieder zu der Erkenntnis kommen lässt, dass wir Bürger zweier Welten sind: Bürger der irdischen Wirklichkeit, in der wir jetzt gerade leben, und Bürger der geistigen Welt, in der wir lebten, bevor wir geboren wurden und in die wir nach unserem Tod wieder zurückkehren.

Ich selbst bin in der Lage, die Erscheinung von Engeln als kurzes Aufblitzen hellsichtig wahrzunehmen. Es ist ein richtiges Fest, denn Engel sind wundervolle, warme und strahlende Wesen. Ihre Liebe ist herzerwärmend, und ihre Treue kennt keine Grenzen. Dadurch sind mir Engel sehr vertraut geworden – und sie haben mich lieb gewonnen. Darum will ich auch gern über sie und ihre Welt berichten.

Doch dieses Buch handelt nicht – oder nur wenig – von der Art und Weise, wie man Engel wahrnehmen kann. Denn nun, da man den Engeln so viel Aufmerksamkeit schenkt, ist noch etwas anderes erforderlich – Vertiefung. Es gibt viele Menschen in unserer Zeit, die erzählen, wie sie die Engel wahrnehmen können. Zu diesem Thema sind bereits unzählige Bücher erschienen. Doch jedes neue Buch wirft die Frage, wie die Welt der Engel wohl aussieht und wie wir Menschen mit den Engeln denn verbunden sind, noch stärker auf. Gehen wir – evolutionsgeschichtlich betrachtet – den gleichen Entwicklungsweg? Oder ist der Weg der Engel ein ganz anderer als der Weg des Menschen? Was tun die Engel für uns? Haben die Engel umgekehrt auch etwas von uns? Können sie auch etwas von uns lernen?

Die esoterische Tradition hat von alters her viel Wissen über die Engel und ihre Welt gehütet. Namentlich Anthroposophen und Theosophen haben dieses Wissen sorgfältig bewahrt und weitergegeben. Das Wissen, das sie lehren, war im Urchristentum noch bekannt und stammte in vielen Fällen aus der alten vorchristlichen Einweihungstradition. In diesem Wissen finden wir eine Antwort auf die oben gestellten Fragen.

Darüber hinaus erfährt das Verhältnis zwischen Engeln und Menschen gegenwärtig eine starke Veränderung. Wir werden mehr und mehr zu Schwestern und Brüdern, die gemeinsam auf dem Weg sind. Darum brauchen Engel und Menschen einander. Einblicke in das alte esoterische Wissen über die Engel, Einblicke in die tiefe und bleibende Verbundenheit zwischen Menschen und Engeln und Einblicke in die großen Veränderungen, welchen das Verhältnis zwischen Engeln und Menschen im Augenblick unterworfen ist, sind, so denke ich, sehr wichtig, um nicht in einer oberflächlichen Bewunderung für die Engelwelt steckenzubleiben, sondern uns der Verantwortung bewusst zu werden, die wir in unserer heutigen Zeit für unsere Schwestern und Brüder in der geistigen Welt übernehmen dürfen.

Möge dieses Buch dazu beitragen, dass die Welt der Menschen und die Welt der Engel enger miteinander vernetzt und verwoben werden. Ein Mensch, der ohne Verbindung zu den Engeln lebt, ist ein einsamer Mensch. Umgekehrt kann ein Engel, der nicht inspiriert wird durch die Liebe und Dankbarkeit, die ihm aus der Menschenwelt zugetragen werden, nicht weiter wachsen und sich nicht weiter entwickeln. Menschen und Engel – sie brauchen einander!

Mit Engeln leben

Die Engel sind mir im Laufe meines Lebens vertraut geworden. Mehr als das – sie sind mir ans Herz gewachsen und haben mich lieb gewonnen, so wie man geliebte Menschen schätzt.

Meine Liebe zu den Engeln entstand, als ich sie ab und zu – völlig unerwartet – zu sehen begann. Was war das für eine beeindruckende Erfahrung und für ein großes Geschenk! Ich muss an dieser Stelle auch erwähnen, dass ich die Engel niemals gesehen habe, als ich noch jung war. Erst später in meinem Leben, gerade zu einem Zeitpunkt, als ich in einer Krise steckte, erschien mir plötzlich ein Engel, der in all seiner strahlenden Schönheit unvermittelt in meinem Zimmer stand. Manchmal sind es offensichtlich gerade schmerzhafte Erfahrungen und der Verdruss über dieses Leben auf Erden, die unser inneres Auge öffnen. So durfte – und darf – ich von diesem Moment an ab und zu meinen persönlichen Schutzengel, Andreas, sehen, der mich mein ganzes Leben lang begleitet. Manchmal sah – und sehe ich – auch einen anderen Engel, einen der Freundinnen oder Freunde von Andreas.

Manchmal darf ich auch ganze Gruppen von Engeln sehen. Es ist eine wahre Freude, sowohl für das Auge als auch für das Herz, die Innigkeit zu sehen und zu fühlen, die zwischen den Engeln selbst strömt und lebt sowie ihre vollkommene Glückseligkeit und ihr Vertrauen in Gott. Außerdem wirkt es beruhigend, das Vertrauen der Engel in uns fühlen zu dürfen. Engel haben oft mehr Vertrauen zu uns Menschen, als wir zu uns selbst und füreinander haben! Wenn wir nur ein wenig von dem Vertrauen, das die Engel in uns setzen, auch in uns selbst wahr werden lassen, so dass wir dadurch größeres Vertrauen zu uns selbst und füreinander entfalten, dann wird die Welt ein Stück weit fröhlicher und freudiger aussehen.

Es war – und ist – immer wieder eine gewaltige, eindrucksvolle, ja überwältigende Erfahrung, wenn eine solche strahlende Lichtgestalt ganz unerwartet in ihrer Vollkommenheit vor mir steht. Von ihr geht eine gewaltige Kraft, Stärke und unerschütterliche Liebe aus! Eine Liebe, die – so empfinde ich es stets aufs Neue – alles toleriert, alles akzeptiert, die keinerlei Urteil kennt und die unendlich viel größer ist als alles, was wir auf Erden an Liebe kennen. Die Liebe allein schon gibt neue Kraft und Vertrauen – vorausgesetzt man öffnet sich ihr.

Solch ein Engel ist ganz und gar Licht – funkelndes, helles Licht, unablässig in Bewegung. Seine ganze Gestalt erstrahlt in einem lebendigen, wogenden Licht. Am intensivsten strahlt das Licht jedoch aus dem Gesicht des Engels. Es ist so stark, dass es mir fast unmöglich ist, dem Engel direkt ins Gesicht zu blicken. Ebensowenig wie man um zwölf Uhr mittags mitten in die Sonne schauen kann; denn würde man es trotzdem tun, würde man erblinden. Doch auch wenn ich meist das Gesicht des Engels nicht erkennen kann, so kann ich doch die Liebe spüren, die von ihrem – oder seinem – ganzen Wesen ausgeht. Eine Liebe, die nicht allein rein und stark ist, sondern mir auch vollkommene Freiheit lässt. Es liegt an mir, sie in ihrer bedingungslosen Kraft zu erspüren und in mich aufzunehmen. Es ist daher auch eine einladende Liebe, die in mir nur spürbar und wirksam wird, wenn ich mich innerlich für sie öffne und sie wirklich ernst nehme. Nehme ich diese Liebe jedoch als Geschenk an, dann kann ich fühlen, wie durch diese Liebe mein eigenes Wesen – mein Herz, meine Seele und mein Körper – eine gewisse Leichtigkeit erhält und diese in sich aufnimmt. Es fühlt sich so an, als würde ich aus der Schwere des Alltagslebens auf eine höhere Bewusstseinsebene gehoben, die all das Irdische, all das Schwere und Mühsame hinter sich gelassen hat. So ist die Liebe, mit der die Engel uns segnen, vor allem eine unbeschwerte Liebe. Denken Sie übrigens nicht, dass ich mich durch diese Erfahrung fortwährend in einem Zustand des 'Schwebens' befinde. Das ist nur für Augenblicke der Fall, und stets sinke auch ich wieder, so wie jeder andere Mensch, zurück in die Schwere des Lebens auf Erden, mit den irdischen Emotionen, Ängsten und allem Stress. Doch ich habe spüren dürfen, was dieses Leben wirklich bedeutet und sein kann, wenn wir so werden, wie Gott uns beabsichtigt hat.

Zudem habe ich sehr an der Leichtigkeit der Liebe der Engel zweifeln müssen, und vor allem daran, dass ihre Liebe vollkommen freilassend ist. Diese fühlt sich nämlich für uns als Erdenmenschen im ersten Augenblick so an, als käme sie aus sicherer Distanz – man taucht nicht gleich in ihre wärmenden Ströme ein! Dazu kommt es erst, wenn man sich dieser Liebe völlig hingibt, sich dafür ganz öffnet. Ich habe festgestellt, dass das, was ich zunächst als sicheren Abstand empfand, gerade das Kennzeichen ihrer wahren Liebe ist. Sie lassen dem Menschen wirklich vollkommene Freiheit und „überrumpeln" diesen somit auch nicht mit ihrer Liebe, sondern lassen die Liebe erst strömen, wenn man selbst die Pforte zum eigenen Herzen geöffnet hat. Durch die Liebe der Engel habe ich entdecken können, was reife und freilassende Liebe ist.

Doch die Engel segnen uns nicht nur mit ihrer Liebe. Sie schenken uns auch wirklich neue Lebensenergie, wenn wir aus diesem oder jenem Grund erschöpft sind. Ich durfte erfahren, wie die Engel dann ihre Hände auf mein Haupt legten und mir auf diese Weise neue Lebenskraft schenkten. Stundenlang – so empfand ich es – standen sie da und umhüllten mich mit einem Strom heilender, reinigender und entspannender Energie. Eine Energie, die nicht nur meinem Herzen neue Lebensenergie schenkte, sondern auch meinen Körper stärkte. Die Energie der Engel durchwirkt alle Dimensionen dieses Lebens auf Erden.

Denken Sie nun jedoch nicht, dass dies etwas Besonderes ist. Die Engel schenken diese Lebensenergie allen Menschen, die dafür offen sind und Gott um neuen Lebensmut oder neue Lebenskraft bitten. Die Engel selbst sehen wir dabei meist nicht – wie sie im Stillen bei einem von uns wirken, bleibt uns in den meisten Fällen verborgen. Doch fühlen können wir es intensiv und sagen dann nach einer Weile: „Ich fühle mich besser als vorhin (oder gestern)." Manchmal ist es schon ein Jammer, dass wir nicht mit eigenen Augen sehen konnten, wie das geschieht; denn dann wären wir verwundert über so viel Hilfe und solch eine Liebe. Stattdessen gewöhnen wir uns bald an diese neue Lebenskraft, betrachten sie als etwas Selbstverständliches und denken kaum darüber nach, woher die neue Kraft wohl kommt.

Ich habe gelernt, wie sehr die Engel mit allen Menschen – wirklich mit allen Menschen – mitfühlen, wie sie ihnen allen beistehen und ihnen neue Energie, neue Hoffnung und neues Vertrauen geben. Ich darf dann gelegentlich sehen, wie das geschieht und wirkt – und was geschieht, geschieht bei allen Menschen!

Neben neuer Lebenskraft und bedingungsloser Liebe vermitteln uns die Engel auch Einsicht. Sie helfen uns zu begreifen, warum wir eigentlich auf Erden sind und welches die Lektionen sind, die zu lernen wir hierher gekommen sind. Sie helfen uns dabei, unser eigenes Wesen zu begreifen – unsere Stimmungen und Emotionen, unsere Enttäuschungen und unsere Ohnmacht. Sie helfen uns zu begreifen, warum unser Leben auf bestimme Weise verläuft; denn Engel sind die Vermittler von Einsicht und Weisheit schlechthin. Das einzige „Lästige" dabei ist, dass die Engel niemals auf Befehl handeln, niemals zum für uns richtigen Zeitpunkt, sondern erst, nachdem man selbst mit allen seinen geistigen Kräften versucht hat, eine Antwort auf seine Fragen zu finden. Erst dann, wenn man wirklich wie gegen eine unsichtbare Mauer anläuft, erst dann kommen die Engel mit ihrer Inspiration, und es entsteht Aussicht und Einsicht, wo man vorher gegen eine unsichtbare Mauer anlief. Überall, wo Menschen zur Einsicht kommen, wo sie plötzlich sich selbst und ihren eigenen Lebensweg besser zu begreifen beginnen, da sind im Stillen die Engel mit uns am Werk gewesen.

Ich möchte sogar behaupten, dass die Engel uns inspirieren, uns unvermittelt Worte in den Mund legen, über die wir selbst erstaunt sind, wenn wir sie aussprechen. Ich behaupte weiterhin, dass sie unser inneres Wissen aktivieren und quer durch alle Blockaden unseres Egos bis in unser Herz und in unseren Mund strömen lassen. Inspiration – wörtlich „Einhauchung des Odems" – ist etwas, worauf Engel sich sehr gut verstehen. Doch auch hierfür gilt, dass sie uns niemals etwas aufdrängen. Die Inspiration wird für uns erst fühlbar, wenn wir in unserem Herzen nach derselben Liebe und Reinheit suchen, die auch in den Engeln lebt. Man könnte es auch so ausdrücken, dass wir uns erst dann auf der gleichen Frequenz wie die Engel befinden. Erst dann ist es möglich, die Inspiration durch die Engel auch wirklich zu hören und zu fühlen. Will man für das Werk der Engel empfänglich werden, will man die Geschenke, die sie zu geben haben, auch tatsächlich im Leben erfahren, dann sollte man sich erst einmal bei sich selbst an die Arbeit machen. Man sollte mit ganzem Herzen auf die Suche nach Reinheit, Aufrichtigkeit und unbefangener Liebe im Leben gehen.

Von diesem Punkt der Erkenntnis an konnte ich begreifen, warum die Engel so häufig erst dann für uns sichtbar werden, wenn wir eine schwierige Lebensphase durchgemacht haben. Denn so habe ich es auch oft von anderen Menschen gehört, die Engel sehen können – dass diese Fähigkeit bei ihnen in einer Lebensphase entfaltet und aktiviert wurde, die sehr mühsam und sehr schwierig war. Gerade in so einer Phase lassen wir, wenn wir nur noch denken: „Wie komme ich hier nur hindurch?", viele Dinge los, die wir vorher noch für wichtig hielten. Reichtum zum Beispiel! Was hat man vom vielen Geld, wenn das Herz zerfleischt ist? Oder eine steile Karriere! Was hat man von einer steilen Karriere, wenn man sie, geistig betrachtet, nicht im Geringsten verkraftet? Gerade dann, wenn altes Verlangen und Begehren von uns abfallen und wir nur noch klein, demütig und empfänglich sind, kommen die Engel zu uns. Die Engel kommen zu 'kleinen' Menschen, nicht zu Menschen, die vom Größenwahn getrieben sind, ganz gleich auf welcher Ebene auch immer.

Engel kommen auf ganz unterschiedlichen Wegen zu uns. Als Stimme, als Lichtgestalt oder als kleines Kind – denn Engel können auch als Menschen erscheinen, in Gestalt eines Kindes. Wer hat Kinder nicht schon einmal über unsichtbare Freunde und Freundinnen erzählen hören, mit welchen sie spielten, die jedoch für niemand anderen sichtbar waren als allein für dieses Kind? Engel erscheinen dann als Kind, da ein Kind eine vertraute Gestalt für ein Kind ist. In der Art und Weise, wie Engel erscheinen, nehmen sie somit Rücksicht auf diejenige Person, der sie erscheinen.

Engel können auch in Gestalt eines Erwachsenen erscheinen. Laut Berichten von Menschen, die solch eine Erfahrung machten, erkannten sie allein anhand der Tatsache, dass die Gestalt unerwartet, durch geschlossene Fenster und Türen hindurch, erschien, um wieder ebenso unerwartet auf eine Weise zu entschwinden, die bei einem gewöhnlichen Menschen undenkbar wäre, dass dieser Mensch mehr war als ein Mensch – es war ein Engel.

Engel erscheinen somit jedem Menschen auf individuelle Weise. Auf eine Weise, die für den betreffenden Menschen passend und geeignet ist, weil der eine ihn so wahrnimmt, der andere wieder ganz anders. Darum dürfen wir nicht sagen, dass der eine Recht hat und der andere nicht, sondern wir sollten vielmehr die verschiedenen Wahrnehmungsmöglichkeiten als Beispiel der Vielseitigkeit betrachten, mit der die Engel uns besuchen kommen. So sieht der eine vielleicht einen Engel mit Flügeln, während der andere überhaupt keine Flügel wahrnimmt. Für die Engel ist nicht die Form ihrer Erscheinung von Bedeutung, sondern das, was sie uns zu geben haben – ihren Trost, ihre Liebe, ihre Inspiration und das Geschenk ihrer Energie.

Meistens kommen die Engel zu uns im Verborgenen, ohne dass wir sie sehen. Denn sie kommen immer wieder von Neuem auf uns zu. Auf jeden Menschen. Einfach, weil es ihrem Wesen entspricht, weil ihre Liebe zu uns sie stets wieder zu uns hinzieht. Doch auch wenn wir sie dann nicht sehen und nicht hören können, so vermögen wir ihre Anwesenheit doch sehr wohl zu fühlen. Wir können ihrem stillen Werk an uns auf die Spur kommen und es wahrnehmen. Man könnte sagen, überall dort, wo wir von Zufall sprechen, sind im Verborgenen die Engel am Werk gewesen! Die Engel helfen uns also – allezeit und meist unbemerkt.

Unsere Aufgabe ist es, uns dieses Wirkens, der Hilfe und der stillen Führung durch die Engel, bewusst zu werden.

Jeder Mensch hat seinen persönlichen Schutzengel. Einen Engel, der diesen einen Menschen das ganze Leben über begleitet, mit ihm mitlebt, mitdenkt und mitfühlt. Der mit ihm – oder ihr – hinabsteigt zur Erde und sofort nach dem Tod wieder mitgeht, um den Gestorbenen zurück in die Lichtwelt, unser eigentliches Zuhause, zu begleiten. Doch wenn wir auch in schwierigen Zeiten oft denken, dass wir völlig allein dastehen, ist das nicht so, weil jeder Mensch stets von seinem persönlichen Schutzengel begleitet und hilfreich unterstützt wird.

Unser Schutzengel hat auch einen eigenen Namen. Meiner heißt Andreas, wie ich bereits eingangs erwähnte. Nun ist es so, dass unser Schutzengel einen Namen wählt, der nicht so viel über ihn oder sie aussagt, der jedoch alles über den Menschen besagt, den er oder sie begleitet. Unser persönlicher Engel wählt somit einen Namen, den man als Motto für unser individuelles Leben hier auf Erden betrachten könnte – gleichsam als Wahlspruch für diese Inkarnation. Wenn man in der Stille – in der Meditation oder im Gebet – nach dem Namen seines persönlichen Engels fragt, bekommt man ihn sicherlich mitgeteilt. Vielleicht nicht sofort beim ersten Mal, doch zumeist recht schnell. Wenn man dann die Bedeutung des Namens nachschlägt, hat man damit das Motto für das eigene Leben gefunden.

Bei dieser Namensgebung kommen wir einer besonderen Eigenschaft der Engel auf die Spur. Sie „unterschlagen" ihre eigene Persönlichkeit, sie denken nicht an sich selbst, sondern sind mit der ganzen Liebe ihres Herzens vollständig auf denjenigen ausgerichtet, den sie begleiten. Daran können wir ein wenig von ihrer bedingungslosen Liebe für uns ablesen, eine Liebe, die keinen Eigennutz kennt, sondern nur dienen will. Der Name meines Schutzengels, „Andreas", bedeutet soviel wie „starker Mann". Andreas will mir damit sagen, dass ich viel mehr kann, als ich meist denke oder glaube. Er stärkt dadurch mein Selbstvertrauen und hilft mir, es beim Fallen und Aufstehen zu entdecken und zu erwerben.

Manchmal darf ich den Schutzengel eines anderen Menschen

sehen. Das ist ganz ergreifend. Es geschieht vor allem, wenn ich mit einem Mitmenschen im Gespräch bin und all meine Aufmerksamkeit auf mein Gegenüber gerichtet ist.

Insbesondere wenn der andere sein Herz ausschüttet und manchmal unter Tränen erzählt, was eigentlich in ihm oder ihr vorgeht, sehe ich manchmal den Schutzengel des anderen neben ihm oder ihr stehen, während er – oder sie – liebevoll die Arme um die Schultern dieser Person gelegt hat. Das ist manchmal beinahe so, als ob der Engel seine Arme wie eine Mutter um den anderen legt, um denn anderen sanft hin und her zu wiegen und zu trösten. Viele Menschen werden sich der Anwesenheit des Engels als einer Wärme bewusst, die in ihrem Schulterbereich spürbar ist. Und sie fühlen es, weil in solchen Augenblicken ganz tiefer Friede im Raum spürbar ist.

Manchmal kann ich auch am Aussehen des Schutzengels eines anderen Menschen sehen, was dessen eigentliche Aufgabe, Berufung oder Auftrag im Leben ist. Die Engel beispielsweise, die Menschen mit einem Lebensauftrag im geistigen Bereich begleiten, tragen eine andere Kopfbedeckung als andere Engel. Wenn ich diesen Engel neben einem meiner Mitmenschen stehen sehe, kann ich damit auch etwas vom eigentlichen Lebensauftrag des anderen erfassen. Eine Lebensaufgabe im geistigen Bereich bedeutet nicht so sehr, dass der andere nun Priester oder Pfarrer werden muss. Dies bedeutet vielmehr, dass diese Person andere Menschen bei ihrer Bewusstwerdung begleiten und ihnen helfen kann, sich der großen Fragen über Leben und Tod bewusst zu werden. Diese Aufgabe, Menschen bewusster zu machen, kann man auch vollbringen, während man täglich an der Kasse von Aldi steht – oder als Parkwächter arbeitet.

Engel sind ganz individuelle Wesen, und doch formen sie auch auf bestimmte Weise eine Einheit. Hier auf Erden heißt es „du, du" und „ich, ich". Hier auf Erden gehen wir den Weg der Individualisierung, den Weg der Selbstfindung. Hier auf Erden kann man einsam sein, weil man niemals richtig mit einem anderen Menschen verschmelzen kann und immer wieder auf sich selbst zurückgeworfen wird. In der geistigen Welt ist das anders. Da strömen die geistigen Wesen, die Engel, viel mehr in das Wesen des anderen ein, als dies hier auf Erden möglich ist. Daher ist es auch so schwer vorstellbar, dass Engel gleichzeitig in sich selbst und zugleich auch vereint mit allen anderen Engeln sein können. Und doch ist es so.

Jetzt ist Christus, der kosmische Geist der Liebe, das Haupt aller Engel. Er ist das höchste geistige Wesen, das aus Gott geboren wurde. Und dieses kosmische Liebeswesen ist das Haupt aller Engel. Das will nicht bedeuten – wie wir das dann gleich interpretieren würden – dass er den „Boss" über alle Engel spielt. Nein – es will bedeuten, dass sein Wesen der Liebe wie von selbst in alle Engelherzen hineinströmt. Christus lebt folglich in allen seinen Engeln. Sein Wesen kann man in allen Engeln wiederfinden.

Das begann ich erst später allmählich zu begreifen. Was mich im ersten Moment so stark berührte und mir auffiel, war, dass man bei manchen Engeln das Wesen von Christus so überdeutlich spüren kann. Ganz so, als stünde Christus selbst in diesem Engel vor mir. Ich empfand – und empfinde – es schon immer als das Ergreifendste, was mich wirklich zu Tränen rührt, dass ich bei der Erscheinung bestimmter Engel das Gefühl hatte, dass es Christus selbst war, der vor mir stand. So nah ist folglich die Liebe Christi und so leicht. Wie von selbst strömt die Liebe durch alle seine Engel zu uns. Erst später begann ich langsam zu verstehen, wie es kommt, dass mir in dem Engel gleichsam Christus selbst erschienen war. Was ich damit vor allem deutlich machen möchte, ist, dass die Liebe Christi, des höchsten kosmischen Liebeswesens, tagein und tagaus über seine Engel ganz konkret jedem von uns zuströmt. Wir müssen uns der Liebe nur bewusst werden und sie in uns aufnehmen. Wie man ein Geschenk erst auspacken muss, um zu sehen, was es ist, und um etwas damit anfangen zu können. Die Liebe Christi ist solch ein Geschenk, das uns täglich überreicht wird. Es liegt an uns, ob wir das Geschenk annehmen und auspacken möchten.

Die Geschenke der Engel an uns

Das erste Mal kam ich mit den Engeln in Berührung, als ich als Pfarrer in einer Uni-Klinik arbeitete. Dort erzählten mir kranke und sterbende Kinder von ihrer Begegnung mit einem Engel oder, wie sie auch sagten, mit einem "Mann aus Licht" oder mit Jesus. Wie sie eine derartige Lichtgestalt nannten, hing oft von ihrem religiösen Hintergrund ab, beziehungsweise von dessen Fehlen. Von da an fiel mir auf, dass diese Gestalt aus Licht zu allen Kindern kam und dabei offensichtlich nicht danach fragte, ob diese nun einen Glauben besaßen oder nicht.

Die Engel kamen zu den Kindern entweder in einer Phase ihrer Krankheit, in der es ihnen sehr schlecht ging und sie sich ganz allein fühlten, oder während der letzten Tage einer Krankheit. Immer wieder stellte ich fest, was die Ankunft der Engel für die Kinder bedeutete – sie verloren ihre Angst, ihre Verkrampftheit und das Gefühl, im Stich gelassen zu werden. Stattdessen wurden sie wieder entspannter, gewannen innerlich Vertrauen und waren erneut offen für ihre Mitmenschen. Die Engel vermittelten den Kindern dieses Vertrauen, meist ohne ein Wort zu sprechen. Es war so, als ob allein ihre Erscheinung in den Kindern dieses neue Vertrauen erweckte. Es war so, als ob etwas von ihrer Ausstrahlung den Kindern so gut tat, dass sie die tiefe Angst, die sie zuvor so in Bann gehalten hatte, gänzlich ablegten.

Engel sind Wesen der Liebe, der bedingungslosen und selbstlosen Liebe. Es war die Kraft dieser Liebe, die den Kindern in jener Klinik so gut tat und es ihnen ermöglichte, ihr Leben hier auf Erden ohne Furcht abzuschließen, in tiefem Vertrauen loszulassen und in die geistige Welt zurückzukehren. Denn für wirklich alle Kinder war deutlich, dass der Tod nicht das Ende darstellte, sondern lediglich den Übergang in ein anderes Leben. Es war, als würde durch den Engel auch ein verborgenes, tiefes Wissen aktiviert und gestärkt.

An anderer Stelle habe ich bereits beschrieben, dass Krankenhäuser oft nicht nur ein Ort der Sorge, der Angst, des Kummers und des Leidens sind, sondern auch ein Ort, wo Menschen den Engeln und Christus selbst intensiver und öfter als sonst begegnen dürfen.[1]

Es ist immer wieder ergreifend festzustellen, dass gerade an den Orten, wo das Leiden am größten ist, Christus und seine Engel so oft den Menschen zum Trost erscheinen. Gerade dort, wo tiefste Finsternis herrscht, begegnet man auch sehr viel Licht. Dies gilt nicht nur für Krankenhäuser, sondern beispielsweise auch für Kriegsschauplätze, Konzentrationslager und andere Orte und Zeiten tiefsten menschlichen Leidens. Gerade an diesen Orten und zu diesen bestimmten Zeiten enthüllt sich immer wieder dieses himmlische, göttliche Licht.

Die Erzählungen über Engelserscheinungen kommen aus allen Teilen der Welt. So wie die Engel allen Kindern erscheinen, die ihrer Hilfe bedürfen, ungeachtet der Tatsache, ob diese Kinder gläubig sind oder nicht, kommen die Engel auch zu allen Erwachsenen, die sie benötigen, gleichgültig welchen Glauben sie haben. So erscheinen sie nicht nur Moslems, Hindus und Christen, sondern auch Menschen, die angeben, keinerlei Glaubensüberzeugung zu haben. Aus Irian Jaja, dem früheren Neu-Guinea, wird uns folgendes Fallbeispiel überliefert:

„In Hollandia Haven wurde eine Kirche gebaut. Einer der Arbeiter aus Papua arbeitete weit oben über dem Erdboden am Turm. Mit einem Mal verlor er das Gleichgewicht und stürzte hinab. Doch im Fallen merkte er plötzlich, dass er von zwei weißen Gestalten hinabgetragen und behutsam unten auf dem Erdboden abgesetzt wurde. Er hatte dann auch nicht einmal einen Kratzer abbekommen! Dieses Ereignis beeindruckte alle Menschen in Papua, die bei diesem Ereignis anwesend waren, tief. Schließlich war es doch unmöglich, dass jemand aus so großer Höhe herunterfallen konnte, ohne schwer verletzt oder gar tot zu sein – und viele von ihnen bekehrten sich zum Christentum." [2)]

Gegenwärtig erreichen uns insbesondere aus Amerika allerhand Berichte über Begegnungen mit Engeln. Namentlich der Bericht über jemanden, der eine lange Autofahrt unternahm und dabei eines Tages einen Anhalter mitnahm, ist weithin bekannt. Der Mann fuhr mit dem Anhalter los und erzählte diesem von seinem Leben. Der Anhalter lauschte andächtig und antwortete dann dem Mann in einer Weise, aus der ersichtlich wurde, dass er alles über den Mann wusste, dass er sogar alles erfasste, was den Mann innerlich bewegte. Doch als dieser später aufschaute und sich dem Anhalter zuwenden wollte, war er mit einem Mal nicht mehr da. Er war plötzlich verschwunden, als ob er sich in Nichts aufgelöst hätte. Doch was er gesagt hatte, vergaß der Mann sein Leben lang nicht!

Nicht nur in Amerika werden viele Geschichten über Begegnungen mit Engeln erzählt, auch in den Niederlanden kommt dies vor. Viele dieser Geschichten werden mir anvertraut, weil die Menschen wissen, dass sie mir diese vertrauensvoll erzählen können und ich diese Art von Berichten ernst nehme. So erzählte mir ein Mann – er war Mitte Vierzig – folgende Begebenheit:

„Eines Tages, früh am Morgen, lief ich hastig und in Gedanken durch die Straßen meiner Stadt zur Arbeit. Es war neblig, und man konnte seine Hand nicht vor Augen sehen. Ich wollte die Straße überqueren, doch als ich das tat, hielt mich plötzlich eine Hand an meiner Brust zurück. Ich blickte nach links und nach rechts, doch es war niemand zu sehen. Ich zuckte mit den Schultern und tat erneut einen Schritt nach vorn, um über die Straße zu gehen. Doch wieder war da diese Hand an meiner Brust, die mich zurückhielt. Im selben Moment tauchte plötzlich aus dem Nebel ein Bus auf, der dicht an mir vorbeidonnerte. Wäre die Hand nicht gewesen, dann hätte ich in diesem Moment unter dem Bus gelegen!

Ich hatte nie viel von dem Gerede über einen Himmel oder, wie andere das nennen, eine „geistige Welt" gehalten. Engel betrachtete ich als Phantasiegebilde, die etwas für alte Frauen waren, aber nicht für mich. Doch nachdem ich dies erlebt hatte, musste ich anerkennen, dass Engel wirklich existieren. Es war ja kein Mensch in der Nähe gewesen, und doch hatte mich jemand aufgehalten und mich vor einem schlimmen Unglück bewahrt. Durch diese eine Erfahrung veränderte sich mein Leben. Es war gerade so, als hätte sich für mich eine Tür in eine andere, größere Welt aufgetan."

Es gibt viel mehr Geschichten, als die beiden oben abgedruckten, die berichten, wie die Engel manchmal sehr tatkräftig eingreifen, um uns vor einem ernsthaften Unglück zu bewahren. So erzählte mir eine Frau, was sie einmal als Kind erlebt hatte:
„Ich ging zum Spielen auf dem Gehweg der Straße, in der meine Eltern damals wohnten. Plötzlich blickte ich auf und sah auf der anderen Seite der Straße auf dem Bürgersteig meinen Lehrer laufen. Ohne nachzudenken, rannte ich über die Straße auf ihn zu. Doch ich hatte nicht aufgepasst. Es kam ein Auto. Es versuchte zu bremsen, ohne dass dies viel half, denn es war schon zu nahe. Doch plötzlich hob mich eine Hand hoch, unmittelbar vor dem Auto, und setzte mich einige Meter weiter neben dem Lehrer auf der anderen Straßenseite wieder ab. Doch es war, außer dem Lehrer, überhaupt niemand in der Nähe! Es gab auch keinen Menschen, der hätte sehen können, wie ich etliche Meter weiter, gleich direkt neben dem Lehrer, wieder abgesetzt worden war. Ich weiß daher auch mit Gewissheit, dass es ein Engel war, der mich damals als Kind gerettet hatte."

Berichte wie dieser über das dramatische Eingreifen eines Engels lassen sofort einige Fragen in uns aufkommen. Warum wurde der eine gerettet und der andere nicht? Warum retten und helfen die Engel denn nicht allen Menschen, die in Not sind? Das ist für uns alle eine wichtige Frage, weil wir uns entweder selbst schon einmal in Situationen wiederfanden, in welchen wir Hilfe nur allzu gut hätten brauchen können, oder weil wir andere Fälle kennen, in denen die Menschen keine Hilfe bekamen und daher auch nicht gerettet wurden, sondern umkamen.
Aus der spirituellen oder esoterischen Tradition des Christen-

tums heraus wird uns auf diese Fragestellung sehr wohl eine Antwort gegeben. Doch ich muss hier gleich anmerken, dass damit noch nicht alle Fragen gelöst sind. Vieles bleibt uns auf dieser Seite des Schleiers verborgen. Erst später, nachdem wir die Hülle unseres Körpers verlassen haben und in die Lichtwelt eingetreten sind, werden wir auf alle Fragen eine Antwort erhalten, weil wir dann alles von einem höheren Wissensstand aus betrachten und „von Angesicht zu Angesicht" sehen können.

Die Antwort der esoterischen Überlieferung lautet folgendermaßen: Jeder Mensch stellt selbst, bevor er oder sie auf die Erde kommt, in der Lichtwelt in groben Zügen den Plan für sein bevorstehendes Erdenleben auf. Diesen Plan gestalten wir anhand der Lebenslektionen, die wir auf Erden lernen wollen. Wir sind uns ja, bevor wir unser neues Leben auf Erden beginnen, sehr wohl bewusst, dass unser Erdenleben eine Schule ist und wir gerade dort lernen können, in Liebe, Einsicht, Mitleid und Verständnis zu wachsen. Dieser Plan für das neue Leben, den wir nun selbst aufstellen, enthält daher nicht nur schöne und angenehme Erfahrungen, sondern auch schwierige Lebensstationen. Wir entscheiden uns in der Lichtwelt für die schwierigen Erfahrungen, weil wir wissen, dass wir gerade von den schwierigen Dingen viel lernen können. Wenn wir einmal auf Erden angekommen sind – zuvor durch das Bad der Vergessenheit gegangen sind, wie Platon es nennt – vergessen wir völlig, was wir selbst beschlossen haben und warum wir auf die Erde gekommen sind. Das Vergessen ist derart vollständig, dass es uns selbst so vorkommt, als seien wir gegenwärtig zum ersten Mal hier auf Erden!

Doch wenn uns nun während des Erdenlebens eine schwere Krankheit, ein Unfall oder der Tod eines geliebten Menschen widerfährt, was aber mit dem einst von uns selbst erstellten Lebensplan in Übereinstimmung ist, dann dürfen und werden die Engel nicht eingreifen. Sie respektieren ja den von uns selbst gewählten Lebensplan. Doch wenn uns etwas droht, das nicht in Übereinstimmung mit dem von uns erstellten Lebensplan ist, dann dürfen und werden die Engel eingreifen! Denn dann werden sie nicht durch ihren Respekt vor unseren eigenen Entscheidungen abgehalten. Dann dürfen sie eingreifen, so dass wir imstande sind, den einst von uns aufgestellten Lebensplan hier auf Erden auch zu verwirklichen und nicht vorzeitig zu sterben. Daher greifen die Engel also manchmal ein und manchmal nicht, wenn wir in eine lebensbedrohliche Situation geraten.

Es hat nicht mit der Ohnmacht der Engel zu tun, wenn sie nicht tatkräftig eingreifen. Denn wenn sie dies nicht tun dürfen, dann deshalb, weil wir selbst einst diese schwere Situation aus dem Bewusstsein heraus gewählt haben, dass wir dadurch geistig wachsen und mittels dieser schmerzhaften Erfahrung mehr Liebesfähigkeit und Einsicht gewinnen können. Die Engel wollen nichts anderes, als uns helfen, um mehr Einsicht und tiefere Liebe zu entfalten. Sie helfen uns also, nicht im Grübeln stecken zu bleiben, nicht verbittert zu werden oder zu bleiben, sondern durch alles, was wir erleben, sanfter, milder und liebevoller zu werden und mehr Verständnis für unsere Mitmenschen zu entwickeln. Jeder, der in schwierigen Zeiten die Engel um Hilfe bittet, wird diese Hilfe garantiert auch erhalten. Es bleibt stets ein kleines Wunder, wenn ein Mensch durch die Finsternis des Lebens nicht verhärtet oder verbittert wird, sondern vielmehr milder und liebevoller.

Engel kündigen manchmal auch neue Ereignisse in unserem Leben an. Dann sind sie wirklich die Botschafter, wie es die wörtliche Bedeutung ihres Namens „Angelos" bereits andeutet.

Ich durfte dies selbst einmal erleben, als ich noch als Pfarrer in jener Klinik arbeitete. In dieser Zeit erschien in meinem Zimmer unvermittelt ein freundlicher alter Mann mit grauen Haaren, der ganz menschlich wirkte, außer dass er durchsichtig war und ebenso unerwartet verschwand, wie er aufgetaucht war. Insgesamt erschien er dreimal. Das erste Mal sagte er: „Du bekommst innerhalb kurzer Zeit eine neue Stelle, doch warte nur ab, du brauchst dafür nichts zu tun." Nun hatte ich überhaupt nicht an eine neue Stelle gedacht, jedenfalls nicht ernsthaft. Folglich verblüffte mich diese Botschaft sehr. Einen Monat später, als der Mann wieder erschien, sagte er: „Hast du gehört, dass Pfarrer Klamer gestorben ist?" „Ja", sagte ich. „Diese Stelle sollst du bekommen.", erwiderte er darauf. Ich war verblüfft. Pfarrer Klamer war Hörfunkpfarrer und eine bekannte Persönlichkeit in den ganzen Niederlanden gewesen. Ich konnte daher auch nicht glauben, dass ich die Stelle bekommen sollte. Es schien mir nicht nur zu hoch gegriffen für mich, es war auch das Letzte, woran ich gedacht hatte. Einen Monat später erschien der alte grauhaarige und durchsichtige Mann erneut, und nun zum letzten Mal: „Du hast viel erlebt in deinem Leben", sagte er. „Doch es war alles geplant, um dich auf diese neue Stelle vorzubereiten. Sei ganz einfach ruhig und wachsam. Du brauchst nichts zu tun. Es kommt von selbst auf dich zu." Und so geschah es auch. Kurz darauf wurde ich zu einem Vorgespräch über diese Stelle gebeten und bekam sie nach einigen Verhandlungen auch angeboten. Ich habe nicht einen Moment gezögert. Es war für mich klar, dass dies der Weg war, der mir gewiesen wurde und den ich zu gehen hatte.

So durfte ich selbst erleben, wie Engel nicht nur als Lichtgestalten erscheinen, sondern manchmal auch in Gestalt eines normalen Menschen. Ich durfte erfahren, dass „Botschafter" ein treffender Name ist, um diese strahlenden und so liebevollen Wesen zu bezeichnen. Auch auf eine andere Weise durfte ich erfahren, wie Engel manchmal neue Ereignisse in unserem Leben ankündigen können.

Ich saß an einem Sonntagmorgen um acht Uhr im Zug, denn ich musste an diesem Morgen auswärts einen Vortrag halten, bezeichnenderweise über Engel. Es war still im Zug, und es gab keinen Kaffee, obwohl ich ein großes Verlangen danach hatte, weil ich mich schlapp und schläfrig fühlte. Ich blätterte in aller Ruhe nochmals meine Unterlagen durch, wo ich aufgeschrieben hatte, was ich an diesem Morgen über die Engel erzählen wollte. Einmal blickte ich in Gedanken versunken von meinen Papieren auf, als ich blitzartig das Gesicht eines Engels vorbeihuschen sah, das mir fröhlich zulachte und ohne Worte zu mir sagte: „Heute wirst du noch etwas erleben. Du wirst eine ganz besondere Begegnung haben." Verblüfft schaute ich noch einmal genau hin, doch der Engel war wieder verschwunden. Später vergaß ich dieses Erlebnis wieder.

Doch als ich gegen Mittag tatsächlich eine ganz besondere Begegnung hatte, musste ich wieder an das zurückdenken, was der Engel bereits am Morgen angekündigt hatte.

Inzwischen sind vielleicht einige Dinge deutlich geworden, die Engel in unserem Leben bewirken. Sie bieten manchmal konkrete Hilfe in gefährlichen Situationen, sie schenken uns Trost und Mut, wenn uns Angst und Kummer zu überwältigen drohen, und sie übermitteln uns ganz gezielte, konkrete Botschaften.

Besonders auf den Trost und Mut, den die Engel uns schenken, will ich noch etwas näher eingehen. So berichtete eine Frau, die schwer krank war, mir einst folgende Geschichte:

„Ich saß zu Hause auf der Bank und dachte über meine Krankheit nach. Es war eine Krankheit, durch die ich von einem Tag auf den anderen langsam gelähmt wurde. Heilung war nicht möglich. Was jedoch eintreten konnte, war, dass auch meine Lunge eines Tages erlahmen und ich daher ersticken würde. Als ich dort auf der Bank saß, tief in Gedanken über mein Leben und meine Krankheit versunken, wurde ich so depressiv, dass ich in Panik geriet. Ich lebte allein und hatte niemanden, der mir helfen konnte. Ich wurde immer hilfsbedürftiger. Würde ich all das, was mir noch bevorstand, verkraften können? Plötzlich fiel mein Auge auf den kleinen runden Tisch neben der Bank, auf dem alle meine Medizindöschen und -fläschchen standen. Da durchzuckte es mich: „Wenn ich all diese Pillen, eine nach der anderen, auf einmal hinunterschlucke – dann bin ich weg." Ich wusste ja, dass ich ohnehin sterben musste. Warum sollte ich denn nicht gleich diesen Schritt tun? Je länger ich darüber nachdachte, desto mehr begann mich diese Idee anzusprechen. Schon streckte ich meine Hand aus, um nach den Pillen zu greifen. Nachdem ich aber diesen Entschluss gefasst hatte, fiel es mir im ersten Moment nicht leicht, ihn in die Tat umzusetzen. In diesem Augenblick sah ich auf einmal, gänzlich unerwartet, eine strahlende Gestalt aus purem Licht neben mir auf der Bank sitzen. Sie blickte mich mit so großer und allumfassender Liebe an, dass es keine Worte dafür gibt. Sie legte ihre Hand auf mein Knie, sagte nichts, sondern schaute mich nur unverwandt an. Noch nie hatte mich jemand mit so viel Liebe angesehen, und noch nie fühlte ich mich so verstanden wie in diesem Moment. Ich spürte – dieses Wesen versteht alles, was in mir vorgeht, und verurteilt mich nicht.

Wie lange ich dort gesessen habe, weiß ich nicht mehr. Es können zehn Minuten gewesen sein oder auch eine halbe Stunde. Zeit existierte nicht. Doch als die Gestalt verschwand, war ich ein anderer Mensch. Die Depression und die Panik waren weg. An deren Stelle empfand ich nur noch tiefes Vertrauen. Ich wusste nun, dass ich nicht allein stand, sondern dass mir fortwährend geholfen wurde."

Nicht lange nach diesem Erlebnis verstarb die Frau. Sie war nicht erstickt, sondern in Frieden und mit ungebrochenem Vertrauen eingeschlafen – mit dem Vertrauen, das jene strahlende Gestalt in sie eingepflanzt hatte.

Manchmal hören wir nur die Stimmen der Engel und sehen sie nicht. Manchmal genügt dies ja, um uns zur Einsicht zu bringen.

So erzählte mir eine Frau das folgende Erlebnis:

„Eines Tages kam mein Sohn nach Hause und erzählte, dass er in Kürze heiraten werde. Doch er werde, so fügte er gleich hinzu, nur standesamtlich und nicht kirchlich heiraten. Als er dies sagte, wurde ich entsetzlich traurig. Ich bin reformiert, und so habe ich meine Kinder auch erzogen. Außerdem war ich Kirchenvorstand. Darum schockierte es mich, als mein Sohn mir erzählte, dass er sich nicht in der Kirche trauen lassen würde. Ich hatte das Gefühl, dass ich nicht nur als Mutter versagt hatte, sondern auch als Kirchenvorstand. Von diesem Augenblick an fiel ich in eine Depression. Und je näher die Eheschließung rückte, desto depressiver wurde ich. Ich konnte nur noch an die Fehler denken, die ich wohl gemacht haben musste, weil mein eigener Sohn sich nicht einmal kirchlich trauen lassen wollte.

Kurz vor der Trauung saß ich an einem stillen Sommerabend im Garten. Wieder grübelte ich über mein Versagen nach. Da klang plötzlich unvermittelt eine laute Stimme durch den Garten, die sagte: „Nicht mein Wille, sondern unser Wille geschehe." Verblüfft blickte ich um mich. Es war niemand zu sehen. Im selben Augenblick hörte ich erneut die Stimme, die so laut sprach, dass es im ganzen Garten widerhallte: „Nicht mein Wille, sondern unser Wille geschehe." Da durchfuhr mich plötzlich blitzartig die Erkenntnis, wie egozentrisch ich die ganze Zeit über eigentlich gewesen war. Ich hatte nur an mein eigenes Versagen und „Zu-kurz-Kommen" gedacht, jedoch überhaupt nicht an meinen Sohn und die glückliche Zeit, die es für ihn war. Ich spürte, wie sich durch diese plötzliche Einsicht meine Depression unvermittelt auflöste und verschwand, so als hätte sie nie existiert.

Die Stimme war die Stimme eines Engels; es muss die Stimme eines Engels gewesen sein, denn außer mir war wirklich niemand im Garten. Bis heute bin ich der Stimme des Engels für die Einsicht dankbar, die er mir schenkte. Als dann kurz darauf die Trauung meines Sohnes stattfand, konnte ich sie von Herzen mitfeiern und mich mit meinem Sohn und meiner Schwiegertochter freuen. Ich war an jenem Tag nicht ein einziges Mal depressiv – und auch später nicht – und wir haben an jenem Tag auch keine Kirche von innen gesehen."

Hier sehen wir, wie es eine der Aufgaben der Engel ist, zu erscheinen, um uns Einsicht zu schenken. Dabei sind zwei Dinge wichtig:

Die Einsicht, die uns die Engel vermitteln wollen, können wir nicht erzwingen. Sie kommt zu dem Zeitpunkt, den die Engel als geeignet erachten, nicht in einem von uns bestimmten Augenblick. Meist ist es so, dass die Einsicht erst dann kommt, wenn wir selbst versucht haben, eine Lösung für die Fragen und Probleme zu finden, mit welchen wir ringen. Erst dann, nachdem wir unsere ganze Geisteskraft eingesetzt haben, ohne zu einer Lösung gelangt zu sein, kommen die Engel zu uns, um uns die richtige Einsicht zu schenken.

Die Einsicht, die uns die Engel vermitteln wollen, schenken sie uns oft, ohne dass wir sie dabei sehen oder ihre Stimme hören. Beinahe immer lassen sie uns diese Einsicht unbemerkt zuteil werden. Dann sagen wir zu uns selbst: „Jetzt auf einmal sehe ich es.

Jetzt auf einmal begreife ich es." Es handelt sich dann um einen Moment, in dem man das Gefühl hat, dass alle Mosaiksteinchen zueinander passen. Daraufhin bemerkt man, wie diese neue Einsicht alle früheren Gefühle von Angst, Unsicherheit und Kummer hinwegfegt. Weil nun alles klar ist, weil Einsicht herrscht, wo vorher nur Verwirrung war. Immer, wenn das geschieht – der Durchbruch der Einsicht – sind die Engel mit uns und an uns am Werk gewesen. Denn sie sind es, die uns im Stillen diese Einsicht geschenkt haben. Wir sagen manchmal: „Da muss ich erst eine Nacht darüber schlafen!" Wir sagen das, weil wir die Erfahrung haben, dass wir nach einem ungestörten nächtlichen Schlaf zu einer besseren Beurteilung kommen können, weil die Nacht uns manchmal eine unerwartete Einsicht schenkt. Doch wir denken eigentlich niemals darüber nach, wie es denn kommt, dass wir ausgerechnet nachts zur Einsicht kommen. Das geschieht deshalb, weil nachts die Engel auf uns einwirken und uns in der Stille oder im Traum Einsicht schenken. Denn gerade nachts sind wir – mehr als tagsüber – für die Engel erreichbar, weil wir dann nicht fortwährend in Gedanken mit all den Aufgaben, die wir noch erledigen müssen, und mit all unseren Ängsten oder Enttäuschungen beschäftigt sind.

Zusammenfassend können wir sagen, dass die Engel uns folgende Geschenke machen:

Das Geschenk der Einsicht;
das Geschenk des Vertrauens und der Hingabe;
das Geschenk der Rettung aus lebensbedrohlichen Situationen;
das Geschenk der Hinweise, die unserem Leben eine Kehrtwendung geben;
das Geschenk der Inspiration;
das Geschenk der richtigen Worte im richtigen Moment;
das Geschenk der stillen Führung, wodurch wir in unserem Leben beginnen, uns selbst zu finden; das Geschenk der Kraft, durch die Dunkelheit zu gehen, ohne verhärtet oder verbittert zu werden.

Was wir den Engeln schenken können

Wenn wir in der Geschichte zurückblicken, um zu betrachten, wie die Menschen in der Vergangenheit mit den Engeln gelebt haben, fällt eine Tatsache besonders ins Auge. Durch die Jahrhunderte hindurch haben die Menschen schon immer in intensiver und liebevoller Beziehung mit den Engeln gelebt. Engel waren für sie eine Realität und gehörten genauso selbstverständlich zum Leben auf Erden wie beispielsweise die Tiere und die Pflanzen. Man sprach nicht einmal besonders viel über die Engel. Dinge, die so selbstverständlich sind, braucht man ja nicht gesondert zu erwähnen. Der Bauer oder die Bäuerin erzählte doch auch nicht, dass das Gras grün war. Das wusste man doch selbst nur zu genau. Ebensowenig sprachen die Menschen früherer Zeiten über die Frage, ob es denn wirklich Engel gab. Darüber brauchte man nicht zu sprechen, denn das wusste jeder. Außerdem hatten viele Menschen doch ihre persönlichen Erfahrungen mit den Engeln erlebt, was in jenen Tagen etwas Selbstverständliches war. Ein Beispiel für den selbstverständlichen Umgang mit den Engeln finden wir in der Bibel. Dort wurden die Engel allein zweihundertdreiundsiebzig Mal genannt, stets ohne eine einzige Deutung oder Erklärung. Ihr Wirken galt als „normale", alltägliche Gegebenheit.

Erst im 20. Jahrhundert – und auch nur bei uns im Westen – begannen die Menschen, massenhaft an der Existenz der Engel zu zweifeln. Bis dahin hatten die Engel immer zum Erdenleben dazugehört. Eigentlich kann man sagen, dass der Glaube an die Engel – oder besser das selbstverständliche Wissen über ihr Wirken auf das Erdenleben – erst nach dem Zweiten Weltkrieg wirklich zu erlöschen und aus den Herzen und dem Bewusstsein der Menschen zu verschwinden begann. Das ist ein sehr auffälliges Phänomen; denn in allen Jahrhunderten zuvor hatten die Menschen stets mit den Engeln gelebt. Nun, auf einmal, wurden sie zu Phantasiegebilden erklärt, zu Märchenfiguren, die natürlich nicht wirklich existierten, sondern die sich – so sagte man – der Mensch selbst ausgedacht hatte, um damit dem Leben auf Erden etwas Farbe und einen gewissen heiligen Hauch zu verleihen.

Untersucht man die Vergangenheit noch etwas genauer, dann erkennt man, dass diese Engelerscheinungen nicht unvermittelt, also ganz plötzlich, aus dem Bewusstsein der Menschen verschwanden, sondern dass alles schon viel früher eingeleitet wurde. In den protestantischen Kirchen, die im 16. Jahrhundert entstanden, war beispielsweise alle Aufmerksamkeit auf Gott und vor allem auf Christus gerichtet. Es war eigentlich kein Raum mehr da, um den Blick neben diesen beiden zusätzlich noch auf die Engelwelt zu richten. In der katholischen Tradition dagegen blieben die Engel bis ins vorige Jahrhundert hinein noch eine lebendige Wirklichkeit.

So konnte es geschehen, dass im Verlauf des 20. Jahrhunderts immer mehr Menschen feststellten: Engel existieren nicht. Engel sind von Menschen erdachte Figuren und stammen aus der kindlichen Stufe der Menschheitsentwicklung, in der die Menschen diese Art von Figuren noch brauchten, um das harte und gefährliche Leben auf Erden zu bewältigen. Doch mittlerweile ist die Menschheit erwachsen geworden, und so werden die Engel als Märchengestalten enttarnt – etwa so, wie der Nikolaus. Sie sind nichts weiter als nette Phantasiegebilde.

Merkwürdigerweise zeigt sich jetzt jedoch eine ganz neue Entwicklung. Denn gerade als sich immer mehr Menschen von den Engeln abgewandt hatten und diese nur noch zu Weihnachten als 'festliche Dekoration' dienen durften, begannen unvermittelt immer mehr Menschen, von innen heraus neues Interesse für die Engel zu entwickeln. Es war und ist – als ob in den Herzen und im Bewusstsein der Menschen unvermittelt ein neues Interesse für die Engel geboren wurde. Nicht allein nur neues Interesse entstand, sondern immer mehr Menschen wurden sich von innen heraus bewusst, dass die Engel auf die eine oder andere Weise sehr wohl existierten und nicht als Märchenfiguren abgetan werden konnten. So kann man sagen, dass die Engel gerade wieder in unsere Herzen und in unser Bewusstsein zurückkehren. Allerhand Bücher erscheinen zur Zeit über die Engel, und jedes Buch ist sofort ein Verkaufserfolg. Es findet schnell seinen Weg zu Leserinnen und Lesern, die ernsthaft auf der Suche sind. Außerdem werden Berichte über Begegnungen mit Engeln in vielen Zeitungen und Zeitschriften publiziert. Vorträge und Fachtagungen über dieses Thema sind sofort ausverkauft. Hier zeigt sich eine ganz neue Entwicklung nach all den mageren Jahren des vergangenen Jahrhunderts, als die Engel zum Auslaufmodell geworden waren und Menschen, die sich selbst einen klaren Verstand und Scharfsinn bescheinigten, nicht mehr über Engel sprechen wollten

Es stellt sich nun die Frage: Was kann man an dieser Entwicklung ablesen? Warum ist dieser Prozess so verlaufen, wie er verlaufen ist? Warum ist der Lauf der Dinge so, wie er ist? Warum verschwanden die Engel allmählich und kommen nun wieder zurück? Warum wurde unser Bewusstsein für die Engel langsam immer aufgeschlossener? Warum öffnet sich unser Bewusstsein nun wieder Schritt für Schritt dafür? Wenn man davon ausgeht, dass auf Erden nichts zufällig geschieht, sondern hinter allem ein tieferer Sinn und eine tiefere Bedeutung verborgen liegt, muss folglich auch hinter dieser Gegebenheit eine bestimmte Bedeutung verborgen liegen. Welche Bedeutung ist das?

In der esoterischen Tradition heißt es, dass wir in unserem Zeitalter durch eine ganz entscheidende Entwicklung in der Evolution gehen. Geistig betrachtet, stehen wir Menschen in der Tat an der Schwelle zum Erwachsenwerden. Wir lassen das Alte hinter uns und beginnen eine ganz neue Phase des Menschseins.

Doch wie sieht dieser entscheidende Übergang in unserer Entwicklung aus, insbesondere in Bezug auf unsere Haltung gegenüber den Engeln? Es scheint so, dass die Engel sich in der Vergangenheit gleichsam bewusst Schritt für Schritt von uns zurückgezogen haben, um uns die Chance zu geben zu lernen, immer besser auf eigenen Beinen zu stehen. Denn Menschen auf dem Weg zum

Erwachsenwerden müssen doch lernen, ihre eigenen Entscheidungen zu treffen, ihre Abhängigkeit zu überwinden und loszulassen. Kinder auf dem Weg zum Erwachsenen müssen ja auch lernen, ihre eigenen Entscheidungen zu fällen und nicht mehr länger im Kielwasser der Anweisungen und Einsichten ihrer Eltern zu schwimmen. Daher müssen umgekehrt auch die Eltern lernen, ihre Kinder loszulassen, um ihnen die Chance zu geben, ihre eigenen Entscheidungen zu treffen, selbst wenn die Eltern schon vorhersehen, dass diese nun nicht gerade die klügsten sind. Eltern müssen in diesem Fall lernen zu schweigen, um in Ruhe zuzusehen, wie ihre Kinder, indem sie immer wieder fallen und erneut aufstehen, allmählich ihren eigenen Weg finden. Die Engel betrachten uns also wie Kinder, die gerade erwachsen werden, und haben sich daher langsam zurückgezogen. Indem wir Menschen uns stets mehr mit der Erde verbunden und unsere Aufmerksamkeit in den vergangenen Jahrhunderten immer mehr auf die Materie und ihre Bemeisterung ausgerichtet haben, schloss sich unser Bewusstsein beständig weiter für alles, was mit der geistigen Welt zusammenhing. Man kann also sagen, dass unser Bewusstsein mehr und mehr Fuß auf Erden und in der irdischen Wirklichkeit fasste, wir aber gleichzeitig die Verbindung zur geistigen Welt verloren.

Doch warum entstand dann in unserer Zeit wieder erneutes Interesse für die Engel? Warum scheint es so zu sein, dass unser verschleiertes Bewusstsein doch wieder Zugang zur Welt der Engel und damit zur gesamten geistigen Welt bekommt? Weil wir nun lernen dürfen, mit den Engeln auf eine neue und einem Erwachsenen entsprechende Art und Weise umzugehen. Erwachsen gewordene Kinder entwickeln, im positiven Fall, ein ganz neues Verhältnis zu ihren Eltern. Sie werden mehr und mehr zu Freundinnen oder Freunden ihrer Eltern, zu gleichwertigen Partnern, und sind nicht mehr länger abhängige Kinder. Damit verändert sich das Verhältnis zwischen Eltern und Kindern radikal – von der Ungleichheit zur Gleichheit, von der Abhängigkeit zur gegenseitigen Verantwortung und Fürsorge. Ähnliches gilt auch für unser Verhältnis zu den Engeln. Jahrhundertelang waren wir abhängig von ihnen, von ihrer Inspiration, ihrer tatkräftigen Hilfe, von diesem

Gefühl des Vertrauens und der Geborgenheit, die sie uns gaben, und für die konkrete Führung, die wir von ihnen empfingen. Doch nun, da wir erwachsen geworden sind, entsteht auch allmählich ein neues Verhältnis zu den Engeln, und zwar ein Verhältnis, das geprägt ist von Gleichwertigkeit, gegenseitiger Verantwortung und Fürsorge. In unserer Zeit beginnen wir, uns innerlich für die neue Verbindung zu öffnen und dürfen uns dieser bewusst werden.

Das bedeutet, dass es nicht nur so ist und so sein soll, dass die Engel für uns sorgen, sondern dass wir auch lernen dürfen, für sie zu sorgen. Wir beginnen, uns ganz bewusst auch für ihren Lebenslauf verantwortlich zu fühlen. Das ist für uns ein ganz uns gar neuer Gedanke und eine ganz neue Einsicht, dass wir für die Engel genauso verantwortlich sind wie sie für uns. Die Frage lautet daher: „Wie können wir diese Verantwortung auf uns nehmen und wahr werden lassen? Auf welche Art und Weise sind wir denn verantwortlich für die Engel?" Diese Verantwortung können wir uns bewusst machen und auch aktiv annehmen, wenn wir begriffen haben, dass wir einen gewaltigen Einfluss auf die Engel haben. Denn alles, was die Engel zusammen mit uns erleben, dient auch ihrer Entwicklung. Sie verändern sich durch alles, was sie an und mit uns erfahren. Sie werden dadurch andere Wesen. Bisher haben wir uns hauptsächlich gefragt, was die Engel uns schenken möchten, wenn sie erscheinen, und was wir von den Engeln haben, welche Hilfe wir uns von ihnen erwarten dürfen. Doch dass es auch umgekehrt ist, dass die Engel auch von uns abhängig sind und ihr Lebensweg durch alles bestimmt wird, was sie an und mit uns erleben, das ist neu für uns. Und doch ist es so, und genau das ist es, was wir uns in dieser Zeit bewusst machen dürfen.

Aber auf welche Weise sind denn die Engel von uns abhängig, und auf welche Weise beeinflussen wir ihren Lebensweg? Dessen werden wir uns bewusst, wenn wir uns mit folgendem Gedanken beschäftigen. Eltern haben nicht allein ihren Kindern etwas zu geben und zu lehren, sie lernen umgekehrt auch viel von ihren Kindern. In mancher Hinsicht sind unsere Kinder ja nicht nur unsere Kinder, sondern auch unsere Lehrmeister. Durch unseren täglichen Umgang mit ihnen und durch unsere Fürsorge für sie werden wir uns allerlei Dingen an uns selbst bewusst – beispielsweise unsere Angst loszulassen. Wir werden uns unserer Starre, unserer Fehler, unseres Vertrauens und vieler Dinge mehr bewusst. Manchmal lassen uns unsere Kinder auch erkennen, wie man aus tiefstem Vertrauen heraus mit dem Leben umgehen kann; denn viele Kinder verfügen noch über das Urvertrauen und zeigen sich in ihrer ganzen Verletzlichkeit vor dem anderen, so, wie sie wirklich sind. Das ist etwas, was sie uns lehren können. Doch dies ist nur eines der vielen Beispiele, die man hierfür anführen könnte. Alle Eltern, die darüber nachdenken, was zu einer richtigen Beziehung zwischen Eltern und Kind gehört, wissen, dass wir nicht nur die Wegbegleiter unserer Kinder sind, sondern dass die Kinder auf ihre ganz persönliche Weise uns auch einen Spiegel vorhalten und uns Dinge lehren können, die wir vergessen haben oder noch nicht kennen.

So verhält es sich eigentlich mit allen Beziehungen, in welchen von *Begleitung* die Rede ist. Ich selbst habe das intensiv erfahren, als ich als Pfarrer kranke und sterbende Menschen begleitete. Oft hatte ich mich gefragt, wer eigentlich wen begleitete. Begleitete ich die Sterbenden oder war es umgekehrt. Begleitete der Sterbende mich auf einem Gebiet, auf dem ich selbst im Grunde keinerlei Erfahrung hatte? Denn der Sterbende war ja der Experte auf dem Gebiet des Sterbens – und nicht ich. Als ich dann als Pfarrer in diesem Krankenhaus Abschied nahm, sagte ich, dass ich bei meiner Arbeit oft das Gefühl gehabt hatte, dass ich viel mehr empfangen, als ich gegeben hatte.

Psychiater, Ärzte, Therapeuten – für sie alle gilt, dass sie nicht nur Experten, sondern dass ihre Patienten für sie in vielen Situationen ganz oft auch Lehrmeister sind.

Wenn wir dies verstehen, begreifen wir auch besser, wieviel Einfluss wir auf die Engel haben, die ja so intensiv, mit ganzem Herzen, an unserem Leben teilhaben und alles mit uns miterleben, mitdenken und mitfühlen. Wenn wir uns in unserem Leben für jede Form echter Liebe verschließen – Liebe, die Opfer zu bringen weiß, Liebe, die gibt, ohne zu fragen – sondern im Gegenteil nur unseren eigenen Nutzen suchen und erstreben, machen wir es damit unseren Engeln schwer. Wir lassen Inspirationen und Einflüsse zu ihnen strömen, die eine nie gekannte Schwärze und eine bestimmte Stumpfheit in ihr Wesen bringen, das von sich aus so rein und strahlend ist.

Doch es kann auch anders sein. Wenn die Engel an uns erleben dürfen, wie wir mit jedem Fall und Wiederaufstehen innerlich zu lauterer Liebe heranwachsen, wenn sie teilhaben, wie wir Schritt für Schritt Egoismus und Eigennutz überwinden und wirklich die Lektionen des Lebens auf Erden lernen, für die wir hierher gekommen sind, verleiht dies dem Wesen der Engel einen neuen Impuls, neuen Glanz und neue Inspiration. Dann erfährt unser Engel eine Bereicherung. Jeder, der sich dieser Tatsache bewusst wird, beginnt auch, ein inneres Gefühl für die Verantwortung zu entwickeln, die wir den Engeln gegenüber und insbesondere gegenüber unserem persönlichen Schutzengel haben.

Nun, da sich in unserer Zeit ein neues Verhältnis zwischen Menschen und Engeln zu entwickeln beginnt, wird von uns auch erwartet, dass wir regelmäßig selbst die Initiative ergreifen und den Kontakt mit unserem Engel knüpfen. Ein Beispiel: Eltern von erwachsenen Kindern sollten es sich lieber nicht in den Kopf setzen, an den Weihnachtstagen plötzlich unangemeldet bei ihren Kindern vor der Haustür zu stehen. Das kann schon einmal zu peinlichen Situationen führen. Eltern müssen abwarten, bis ihre Kinder selbst die Initiative ergreifen und sie anrufen, um sie zu einem Besuch an den Festtagen einzuladen. Wenn die Kinder das nicht tun, bleibt nur übrig, die Kinder an diesen Tagen in Ruhe zu lassen und andere, eigene Pläne zu schmieden, um diese Tage harmonisch auszufüllen. Anstatt diejenigen zu sein, die die Initiative ergreifen, wie das früher der Fall war, müssen die Eltern nun abwarten, bis ihre Kinder die Initiative ergreifen.

Im Grunde ist es bei den Engeln genauso. Da sich unsere Beziehung zu ihnen jetzt so gründlich gewandelt hat, im Wachstum eine Art Gleichwertigkeit erreicht ist und wir von der alten Abhängigkeit loskommen, ist es an uns, die Initiative zum Kontakt zu ergreifen. Das kann auf die unterschiedlichste Weise erfolgen. Einige Möglichkeiten möchte ich hier nennen. Doch ich bin mir sicher, dass wir in kommenden Zeiten in dieser Frage, wie wir selbst die Initiative ergreifen können, um mit den Engeln in Verbindung zu treten, noch allerlei neue Formen finden und dafür von Gottes Seite auch noch allerhand Impulse empfangen werden. Die Möglichkeiten und Wege, die ich nun erwähnen möchte, sind folgende:

♦ Zunächst einmal hilft es mir, wenn mir der Name meines persönlichen Schutzengels bewusst ist – vielleicht hilft das auch Ihnen. Ich berichtete darüber bereits im ersten Kapitel. Nun möchte ich noch hinzufügen, dass die Kenntnis des Namens des persönlichen Schutzengels einen tieferen und persönlicheren Kontakt ermöglicht. Ein Gespräch mit einem namenlosen Wesen ist doch ganz anders als eine Unterhaltung mit einem Wesen, das einen Namen besitzt. Das ist sicherlich so, wenn der Name im Lauf der Jahre einen immer vertrauteren Klang bekommt. Außerdem kann man versuchen, dem Engel mitten ins Gesicht zu sehen. Versuchen Sie, sich die Augen vorzustellen, mit welchen ihr persönlicher Engel Sie anblickt. Versuchen Sie, etwas von der Liebe zu spüren, die Ihr persönlicher Engel für Sie empfindet. Durch diesen intimen Umgang mit Ihrem persönlichen Engel verschwindet etwas von dem geheimnisvollen Schleier, der stets über den Engeln liegt, und sie werden immer konkreter für uns, immer „natürlicher".

♦ Achten Sie sorgfältig auf die Augenblicke in Ihrem Leben, in welchen Sie eine plötzliche Einsicht empfangen, und werden Sie sich bewusst, dass Sie diese Einsicht von Ihrem persönlichen Engel empfangen. Wenn Sie sich dessen bewusst sind, bedanken Sie sich bei Ihrem persönlichen Engel auch dafür. Auch Engel finden es schön, wenn man ihnen dankt, genau wie wir Menschen.

♦ Achten Sie auch auf alle so genannten Zufälle in Ihrem Leben. Lernen Sie auch, durch die Dinge hindurchzusehen und spüren Sie, wie viele der so genannten zufälligen Ereignisse durch die Engel zustande gebracht wurden, die hinter den Kulissen, auf der anderen Seite des Schleiers, rührig am Werk gewesen sind, um dies alles zu ermöglichen. Erkennen Sie, dass alles, was auf Erden geschieht, die Folge von Impulsen und Ideen ist, die vorher in der geistigen Welt entstanden sind. Wenn Sie lernen, durch alle Zufälle hindurchzusehen, werden Sie spüren, wie ein Gefühl der Dankbarkeit in Ihnen aufsteigt. Aus dieser Dankbarkeit heraus werden Sie lernen, den Engeln zu danken. Sie werden lernen, ihnen Ihre Dankbarkeit zum Geschenk zu machen.

♦ Je mehr man lernt, auf diese Weise mit den Engeln zu leben, desto mehr Selbstvertrauen wird man empfinden. Es wächst das tiefe Vertrauen und Wissen, nicht alleine zu stehen, sondern von den Engeln einen unablässigen Strom der Liebe zu empfangen. Auch für dieses wachsende Vertrauen dürfen Sie den Engeln danken.

Engel sind geistige Wesen. Sie leben in einer geistigen Welt. Das bedeutet, dass Materie für sie keine Bedeutung besitzt; denn diese existiert in ihrer Welt nicht. Daher können wir den Engeln auch keine materiellen Geschenke geben, sondern nur geistige. Geschenke wie Dankbarkeit, Vertrauen, Liebe und Zuwendung sind für die Engel daher die größten Geschenke, die sie empfangen oder auch sich selbst ausdenken können. Ich schreibe dies mit Nachdruck, weil wir auf Erden oft das Gefühl haben, dass, wenn man jemandem ein neues Auto kauft, dies ein viel größeres Geschenk ist, als wenn man immer für den anderen da ist. In der geistigen Welt ist es umgekehrt. Dort zählt das Auto nicht, sondern dort leben die Engel von den geistigen Geschenken, die ihnen von den Menschen gemacht wurden.

Es ist wirklich buchstäblich so, dass die Engel von unseren geistigen Geschenken leben. Das ist die Speise, die ihre Seele nährt, wodurch sie wachsen und sich auch selbst weiterentwickeln. Ohne die Geschenke, die sie von uns empfangen, wird ihnen weiteres Wachstum nicht möglich sein, sondern sie werden in ihrer Entwicklung stecken bleiben. Wo diese Einsicht in unseren Herzen zu keimen beginnt, da wird es möglich sein, unsere persönliche Verantwortung für die Engel wahrzunehmen und zu einem Verhältnis zwischen Engel und Mensch zu gelangen, das von Gleichwertigkeit geprägt ist, wie es für dieses neue Zeitalter beabsichtigt ist.

Wie Paulus die Engelwelt sah

Im vorigen Kapitel wurde dargelegt, wie die Menschen jahrhundertelang mit den Engeln gelebt hatten, bis dann das Ende kam, so abrupt und definitiv, dass viele im vorigen Jahrhundert davon überzeugt waren, dass Engel nicht existierten. Damit schien auch jede Verbindung zur Welt der Engel endgültig abgebrochen zu sein. Wir legten auch dar, dass dies wohl so geschehen musste, weil wir in unserem Zeitalter lernen sollen, zu einem neuen Verhältnis zu den Engeln zu finden, zu einem Verhältnis, das von Gleichheit, gegenseitiger Fürsorge und Achtung geprägt ist. Wir stehen gegenwärtig erst am Beginn dieser neuen Entwicklung. In den kommenden Zeiten und Jahrhunderten wird dieses Thema immer wichtiger für uns werden und stärkere Aufmerksamkeit erfordern.

Wir können jedoch noch sorgfältiger in die Vergangenheit schauen und verstehen, was geschehen ist, damit wir besser begreifen, dass aus dieser Vergangenheit viel Wissen über und Einblick in die Welt der Engel bewahrt geblieben ist. Gerade von diesen alten Einsichten können wir in unserer Zeit viel lernen.

Wenn man in groben Zügen den gesamten Entwicklungsweg der Menschheit – die gesamte Evolution der Menschheit bis in die Gegenwart – im Überblick betrachtet, kann man einige große Phasen unterscheiden, die die Menschheit in ihrer Entwicklung durchlaufen hat.

1. Ganz am Anfang, als die ersten Menschen begannen, aus der geistigen Welt auf die Erde herabzukommen, war jeder Mensch noch in einem Maße hellsichtig, wie wir es uns in unserer heutigen Zeit nicht vorstellen können. Diese ersten Menschen sahen nicht nur die Engel, sondern auch die Engel, die über diesen stehen – die Erzengel. Doch sogar darüber konnten sie noch hinaus-

schauen: Auch die Engelwesen, die über den Erzengeln stehen, die Urkräfte, konnten die ersten Menschen noch hellsehend wahrnehmen. Sie wohnten damals zwar auf Erden, konnten aber bis weit in die geistige Welt hinaufblicken. Es war eine ganz besondere Zeit, als von den Engeln die Liebe und das göttliche Wesen regelrecht zu den Menschen strömte. Der Mensch fühlte sich demnach in jener Zeit auch geborgen, beschützt und geführt. Darum wird jenes Zeitalter auch das „Goldene Zeitalter" genannt.

2. In der zweiten großen Periode der menschlichen Entwicklung wurde die alte Fähigkeit zur Hellsichtigkeit ein wenig schwächer. Die Menschen konnten die Urkräfte nicht mehr länger wahrnehmen, 'nur noch' die Engel und die Erzengel. Für uns, in der heutigen Zeit, ist es schon völlig unvorstellbar, dass einst Menschen auf Erden lebten, die unvermittelt die Engel und Erzengel sehen und – mittels Telepathie – mit ihnen sprechen, Rücksprache halten und kommunizieren konnten. Auch wenn die frühere Hellsichtigkeit damals ein wenig abgenommen hatte und so den Menschen auf Erden etwas mehr Freiraum eingeräumt wurde, um zu lernen, ihren eigenen Weg zu gehen, war dies in unseren Augen noch immer eine ganz besondere Zeit, weil die Engel und Erzengel gewissermaßen die Gefährten des Menschen waren. Diese zweite Periode der Menschheit wird auch „Silbernes Zeitalter" genannt.

3. In der dritten großen Periode der menschlichen Entwicklung konnten die Menschen nicht mehr die Erzengel sehen, sondern sie sahen 'nur noch' die Engel. Dadurch wurde es dem Menschen zwar wieder ein Stück weit mehr möglich zu lernen, seinen eigenen Weg zu suchen und zu gehen, doch es fehlte ihm noch nicht an der fortwährenden und sichtbaren Führung, Liebe und Fürsorge durch die Engel. In unseren Augen war dies noch immer ein ganz besonderer Abschnitt der Geschichte, auch wenn die Menschen es in jener Zeit selbst als eine Zeit des Verlustes erlebt haben müssen, des Verlustes eines Teils dieser strahlenden Welt, die ihnen bis in jene Zeit unvermittelt zugänglich war. Diese dritte Phase der Evolution der Menschheit wird auch das „Bronzene Zeitalter" genannt.

4. Um 3.000 v. Chr. brach der vierte große Abschnitt in der menschlichen Entwicklung an. Damals konnten die Menschen die Welt der Engel nicht mehr länger hellseherisch wahrnehmen. Sie wurden auf sich selbst zurückgeworfen, und die geistige Welt verschloss sich ihnen gleichsam. Das war ein tiefgreifendes und schockierendes Ereignis für die Menschheit jener Tage. Die geistige Welt, die Welt der Liebe, des Lichtes und der Geborgenheit, verschloss sich ihr, verschwand hinter den Wolken und war für sie nicht mehr länger zugänglich. In den alten Schriften der Menschheit sind Erinnerungen an dieses tiefgreifende Ereignis bewahrt geblieben, das für die Menschheit wirklich traumatisch gewesen sein muss. So wird in der Bibel erzählt, dass Adam und Eva, die ersten Menschen, aus dem Paradies vertrieben wurden und die Engel mit erhobenem Schwert Wache hielten, um sie daran zu hindern, wieder ins Paradies zurückzukehren. Diese Geschichte ist eine Art Gleichnis für den Verlust des letzten Restes an Hellsichtigkeit, wodurch die Menschheit die Welt der Engel nicht mehr länger wahrnehmen und daher auch nicht mehr mit den Engeln leben konnte. Jahrhundertelang erzählten die Menschen einander weiter die Geschichte über diesen großen Verlust, weil das Paradies – die Welt der Engel – nicht mehr länger zugänglich war. Damals wurde der Mensch wirklich vollends auf sich selbst zurückgeworfen und musste aus eigener Kraft lernen, musste einen eigenen Weg auf Erden finden. Das war, so mühsam es sich auch gestaltete, doch erforderlich, denn nur so konnte der Mensch Schritt für Schritt erwachsen werden und lernen, auf eigenen Beinen zu stehen. Glücklicherweise blieben auch nach dieser Zeit noch Menschen übrig, die durch allerlei Übungen und besonderes Training wieder hellsichtig wurden und mit den Engeln in Verbindung treten konnten. Diese Menschen wurden auch „Eingeweihte" genannt. Sie wurden zu den geistigen Führern der Menschheit. Jene Eingeweihten bildeten damals das letzte Bindeglied zwischen der Menschheit und der geistigen Welt. Dieser vierte Abschnitt der menschlichen Evolution wurde auch das „Eiserne Zeitalter" genannt.

5. Um das Jahr 0, der Zeit um Christi Geburt, geschah es, dass es immer weniger Eingeweihte gab und einige von ihnen immer

weniger lauter und glaubwürdig waren. Damals schien die letzte Verbindung zwischen der Menschheit und der geistigen Welt, der Welt der Engel, verloren zu gehen. Noch lange Zeit wurden die Geschichten über das, was die Eingeweihten aus ihren eigenen Erfahrungen über die Welt der Engel erzählt hatten, weiter überliefert. Doch ab einem bestimmten Zeitpunkt im 20. Jahrhundert – dem vorigen Jahrhundert also – wurden auch diese Geschichten nicht mehr als glaubwürdig betrachtet und die geistige Welt, die Welt der Engel, als Phantasie abgetan. Damals hatte sich der Vorhang, der die geistige Welt vor uns verborgen hielt, fest zugezogen. Das Eiserne Zeitalter war auf seinem Tiefpunkt angelangt.

Dies war in groben Zügen der Verlauf. So ist die Menschheit nicht nur körperlich, sondern auch geistig aus der feinstofflichen Welt zur Erde hinabgestiegen. So haben wir alles mögliche gelernt, um aus eigener Kraft auf Erden zu leben. Wir haben gelernt, die Erde mit unserer Handschrift zu gestalten. Wir sind selbstbewusst und selbstständig geworden.

In der heutigen Zeit dürfen wir aber erleben, dass wir glücklicherweise nicht in der totalen Abschottung von der geistigen Welt – die im vergangenen 20. Jahrhundert am stärksten spürbar wurde – verbleiben müssen, sondern dass wir nun den langen, beschwerlichen Rückweg einschlagen dürfen. Aus der totalen Trennung werden wir auf demselben Weg nach Hause, in die geistige Welt, zurückkehren. Dabei soll für uns zunächst die Welt der Engel wieder zugänglich werden, dann – viel später – die Welt der Erzengel und in ferner Zukunft die Welt der Urkräfte. Wenn wir uns nun auf den Rückweg begeben, dann tun wir dies jedoch als andere Menschen, als wir sie damals waren, als wir auf die Erde kamen. Wir kehren als erwachsen gewordene Menschen zurück, die gelernt haben, auf eigenen Beinen zu stehen, und als Menschen, die in Freiheit gelernt haben, sich für Liebe, Treue, Aufrichtigkeit und Mitgefühl zu entscheiden. Den allerersten Anfang dieses Rückweges dürfen wir schon in unserer Zeit erleben. Wir dürfen miterleben, dass die Welt der Engel für uns nicht mehr länger hermetisch abgeriegelt bleibt, sondern dieser Vorhang, der die Welt der Menschen von der Engelwelt trennte, allmählich durchsichtig und transparent zu werden beginnt. Darum haben auch gegenwärtig so viele Menschen Begegnungen mit einem Engel, weil die Welt der Engel Schritt für Schritt für uns wieder zugänglicher wird. So beginnt sich in unserer Zeit eine ganz neue Entwicklung der Menschheit abzuzeichnen.

Gerade jetzt, da die Welt der Engel wieder zugänglicher zu werden beginnt und allerhand Fragen darüber, wie die Welt der Engel denn aussieht, in uns aufkommen, können wir viel anhand der Geschichten lernen, die von den alten Eingeweihten glücklicherweise erhalten geblieben sind. Sie handeln darüber, was sie zu ihrer Zeit hellseherisch in der geistigen Welt wahrgenommen haben.

Einer der Eingeweihten war der Apostel Paulus, von dem in der Bibel viele Schriften – insbesondere Briefe – bewahrt blieben. Paulus war einer der letzten großen Eingeweihten, die regelmäßig Astralreisen, wie wir dies in der heutigen Zeit nennen würden, unternahmen und dabei die Gelegenheit erhielten, die Welt der Engel zu erforschen. Er konnte nicht nur die Engelwelt erkunden, er erhielt dabei auch Einblick in den Entwicklungsweg der Menschheit, wie er oben beschrieben ist. Paulus war nicht nur einer der letzten großen Eingeweihten, er war auch seiner Zeit weit voraus. Er konnte Christus in Damaskus hellseherisch wahrnehmen, und zwar auf eine Art und Weise, die erst später für die Menschheit möglich werden wird. Daher wurde er in der Bibel als „unzeitig Geborener" bezeichnet, als jemand, der in der Evolution der Menschheit vorausgeht.

Paulus erzählt über sich selbst und seine persönlichen Erfahrungen in einem Brief, der in der Bibel erhalten geblieben ist und in dem er aus Bescheidenheit heraus in der dritten Person spricht, so als ob er es von einem Dritten wüsste, Folgendes:

„Ich kenne einen Menschen in Christo; vor vierzehn Jahren (ist er in dem Leibe gewesen, so weiß ich's nicht; oder ist er außer dem Leibe gewesen, so weiß ich's auch nicht; Gott weiß es) ward derselbe entzückt bis in den dritten Himmel.

Und ich kenne denselben Menschen (ob er in dem Leibe oder außer dem Leibe gewesen ist, weiß ich nicht; Gott weiß es); der ward entzückt in das Paradies und hörte unaussprechliche Worte, welche kein Mensch sagen kann." [3)]

Paulus beschreibt hier Astralreisen bis in den dritten Himmel. Damit ist die höchste Lichtwelt gemeint, wo die höheren Engel leben. Paulus darf also nicht nur die Welt der Engel, Erzengel und der Urkräfte erkunden, er darf selbst die höchste Engelwelt, die der Seraphim, betreten. Es leuchtet ein, dass dies allein Menschen vergönnt ist, die selbst das höchste Maß an Reinheit, Liebe und Aufrichtigkeit erworben haben und über so viel innere Kraft verfügen, dass sie die hohe Energie dieser Welt auch ertragen können. Nur die höchsten Eingeweihten dürfen bis in die geistige Welt aufsteigen. Paulus darf also mit Recht als ein hoher Eingeweihter bezeichnet werden.

Ich finde es auffallend, dass Paulus in dieser kurzen Erzählung gleich zweimal sagt, dass er nicht weiß, ob er diese Welt nun mit oder ohne seinen Körper betreten hat. Bei Astralreisen lassen wir zwar immer unseren irdischen Körper auf der Erde zurück, treten aber mit unserem geistigen Körper in diese Welt ein – und der geistige Körper sieht genau so aus wie unser physischer Körper. Er weist Arme und Beine, einen Kopf und Füße auf. Daher ist es schwierig zu unterscheiden, ob man sich nun bei Astralreisen außerhalb des Körpers oder im Körper befindet.

Später gründete Paulus in Athen eine Geheimschule, auf einem Hügel in der Nähe der berühmten Akropolis, dem Areopag. In dieser Schule wurde das Wissen an die Schüler weitergegeben, das Paulus in der geistigen Welt gesammelt hatte, worüber er jedoch in der Öffentlichkeit nicht sprechen wollte, weil die Menschen es normalerweise nicht verstehen konnten oder wollten. [4)] Jahrhundertelang wurde das Wissen des Paulus mündlich an der Schule gelehrt, wie dies zur damaligen Zeit häufig der Fall war. Doch im 5. Jahrhundert n. Chr. beschloss der zuständige Leiter der Schule, das Wissen des Paulus, das bis dahin nur mündlich weitergegeben worden war, schriftlich niederzulegen. Die Schrift des ehemaligen Leiters dieser Schule, Dionysios, des Areopagiten, ist glücklicherweise erhalten geblieben. [5] In dieser Schrift können wir lesen, wie, laut Paulus, die Engelwelt geordnet ist und welche persönlichen Aufgaben und Aufträge die verschiedenen Chöre der Engel haben. Gemäß dieser Einsichten von Paulus gibt es drei Gruppen von Engeln, die er als „Hierarchien" bezeichnet. Jede dieser drei Hierarchien besteht dann wieder aus drei getrennten Chören, sodass es insgesamt neun Engelchöre sind.

Dritte Hierarchie:
die Engel
die Erzengel
die Urkräfte (Fürstentümer)

Zweite Hierarchie:
Mächte
Gewalten
Herrschaften

Erste Hierarchie:
Throne
Cherubim
Seraphim

Diese Einteilung der Engelwelt wird bis heute an jeden weitergegeben, der an dieser Welt interessiert ist und mehr darüber wissen will, und basiert auf der persönlichen Wahrnehmung des Paulus bei seinen Reisen durch die geistige Welt.

Was unmittelbar auffällt, ist die Tatsache, dass die Engelwelt nach der Überzeugung des Paulus eine sorgfältige Ordnung kennt. Alles und jeder in der geistigen Welt hat seinen eigenen Platz, seinen eigenen Auftrag und seinen eigenen Lebensbereich. All diese Aufträge und Lebensbereiche sind vollständig aufeinander abgestimmt, so dass wirklich alles mit allem zusammenhängt. In dieser Absicht ähnelt die Ordnung, die wir hier auf Erden kennen, wohl ein wenig der Ordnung in der geistigen Welt. Ein wenig, denn was dort vollkommen ist, ist hier auf Erden lückenhaft und unvollkommen. Viele Menschen überrascht es zu hören, dass die Engelwelt so geordnet ist; denn sie halten das für menschliches Denken, als ob wir die Engelwelt nach dem modellierten, was wir selbst von unserem Leben hier auf Erden kennen. Doch in Wirklichkeit ist es genau umgekehrt – unsere Ordnung hier auf Erden ist ein unvollkommenes Spiegelbild der Ordnung, wie die geistige Welt sie kennt. Alles, was auf Erden entsteht und wächst, ist ja immer erst in der geistigen Welt entstanden. Alles, was auf Erden zum Leben erweckt wird und entsteht, ist zunächst in der geistigen Welt entstanden und wurde dort in eine Form gefasst.

In der Ordnung des Paulus scheint es „höhere" und „niedere" Engel zu geben. Das trifft, jedenfalls wenn wir in Kategorien wie „nieder" und „höher" denken, auf Energien zu, die unterschiedliche Kraft besitzen. Die höheren Engelwesen sind so außerordentlich groß und stark, dass diese Energien für uns unvorstellbar sind. Daher ist es uns in unserer heutigen Zeit auch unmöglich, höhere Energien als die der 'normalen' Engel zu sehen. Wir würden diese nicht verkraften können, sie wären tödlich für uns. Insofern besteht also ein großer Unterschied zwischen niederen und höheren Engeln. Jedoch nicht in dem Sinn, dass die höheren Engel bedeutender sein würden als die niederen Engel. Das Denken in Kategorien der Macht ist ein irdisches Denken, das der geistigen Welt fremd ist. In der geistigen Welt denkt man an das Ganze und betrachtet jeden persönlichen Beitrag zum Ganzen als grundsätzlich ebenso bedeutend. In diesem Sinn gibt es also keine höheren und niederen Engel.

Im Folgenden werde ich zwar über „höhere" und „niedere" Engel sprechen, dann jedoch unter dem Gesichtspunkt ihrer unterschiedlichen Energiefelder, nicht hinsichtlich ihrer unterschiedlichen Bedeutung.

Aus der Einteilung in drei Hierarchien wird auch deutlich, dass Paulus mit dem „Dritten Himmel" die dritte und höchste Hierarchie meint, und er folglich die Throne, Cherubim und selbst die Seraphim wahrnehmen konnte.

In den Texten, die von Paulus in der Bibel überliefert sind, begegnen wir der oben dargelegten Ordnung nicht; oder vielleicht sollte man besser sagen, dass wir sie nur verschleiert vorfinden. Denn ab und zu nennt er sehr wohl beiläufig einen der neun Engelchöre, jedoch ohne jegliche weitere Erklärung. Das hat für ziemlich viel Verwirrung gesorgt. Denn wenn Paulus ganz beiläufig die *Kräfte* und *Mächte* erwähnt, hat man nicht mehr vor Augen, dass es sich dabei um Namen von Engelchören handelt. So hat man immer häufiger vergessen, dass Paulus in seinen Briefen in großer Regelmäßigkeit über die Engel spricht und auch den Namen des Chores nennt, zu dem sie gehören.

Liebe als geistige Nahrung

Die Engelleiter

Es gibt also der Einsicht und Wahrnehmung des Paulus zufolge neun große Chöre oder Wesen von Engeln. Diese neun Chöre werden jeweils getrennt für sich auch als „Hierarchie" bezeichnet. Das scheint ein wenig verwirrend, denn wir sagten weiter oben, dass auch die Triaden von jeweils drei Engelchören als Hierarchie bezeichnet wurden. Beispielsweise bildet die Gruppe der Engelchöre, die aus den Engeln, den Erzengeln und den Urkräften (Fürstentümern) besteht, die dritte Hierarchie. Doch diese drei Engelarten können demnach jede getrennt für sich als Hierarchie bezeichnet werden. Somit müssen wir unterscheiden lernen, wann ein einzelner Chor von Engelwesen und wann eine Triade von drei Engelchören gemeint ist. Meist wird dies direkt durch den Text selbst deutlich.

Nun bilden die neun Hierarchien stets „höherer", stets ehrfurchtgebietenderer Engel gleichsam eine aufsteigende Leiter, die die Erde mit dem Himmel, mit Gott, verbindet. Die Leiter beginnt unten mit den „gewöhnlichen" Engeln, die auf Erden bei den Menschen sind, um ihnen zu helfen und zur Seite zu stehen. Die Leiter reicht weiter über die Erzengel, die Urkräfte und alle folgenden Engel-Hierarchien – die Mächte und Gewalten, Herrschaften, Throne und Cherubim – und endet am Schluss bei den Engeln der Liebe schlechthin – bei den Seraphim. Von den Seraphim sagt man, dass sie „im Herzen Gottes selbst wohnen und rings um seinen Thron stehen", um eine Tatsache in einem Bild auszudrücken, die jeden menschlichen Verstand übersteigt.

Neun Stufen zählt die Leiter, auf der die Engel bis zum Herzen

Gottes aufsteigen. Jede folgende Stufe, jeder folgende Engelchor ist größer, stärker und noch erhabener als der vorherige, was ihre Leuchtkraft, ihre Energie, ihre Willenskraft, ihre unermessliche Weisheit und ihre Schönheit betrifft. Darum kann man sagen, dass die allerhöchsten Engel eine unvorstellbare Größe, Ehrfurcht und Erhabenheit schöpferischer Kraft bilden und darum sogar für Gott selbst gehalten wurden.

Es sollte, denke ich, ganz klar geworden sein, dass das Bild der Leiter, auf der die Engel zum Thron Gottes emporsteigen, nur ein Bild ist. Denn in der geistigen Welt gibt es keinen Raum – und ebensowenig Zeit. Daher ist auch jegliche räumliche Vorstellung falsch. Doch eignet sich ein solches Bild meist gut, um auf Erden in beschränkter Weise in Form eines irdischen Bildes etwas von der Engelwelt begreifen zu können. Das Bild der Leiter kommt schon auch in der Bibel vor. Jakob sah einst im Traum eine Leiter, die vom Himmel auf die Erde herabführte. Darauf sah er Engel, die mittels der Leiter auf die Erde hinabstiegen und wieder in den Himmel zurück. Das Traumbild, das mehr war als nur ein 'Traumbild', denn es vermittelte Einblick in die verborgene geistige Wirklichkeit – schenkte Jakob das Vertrauen, dass er allzeit behütet und begleitet wurde.[6)] Auch wenn er diese Engelscharen im gewöhnlichen Alltagsleben nicht mit seinen irdischen, physischen Augen sehen konnte – durfte er in diesem Traum erfahren, dass die Engel ihm jeden Tag beistanden und ihm Liebe, Weisheit und Vertrauen vermittelten, die geradezu aus dem Herzen Gottes selbst entsprangen und ihm über die Engelschar zuflossen.

An diesem Traumbild des Jakob wird auch deutlich, wie Gottes Weisheit, Liebe und Treue über die neun verschiedenen Engelchöre in den ganzen Kosmos hinausströmen und damit auch auf die Erde und zu uns Menschen. Jede folgende und damit 'niederere' Engel-Hierarchie wandelt die göttliche Weisheit, Liebe und Treue, die sie empfängt, so um, dass diese auf dem niedrigeren Niveau des betreffenden Engelchores wirksam werden können. Sie geben diese Geschenke ihrerseits wieder an die Engel-Hierarchie weiter, die unter ihnen steht. Die Geschenke Gottes werden auf diese Weise Stufe um Stufe dem Niveau angepasst, auf dem seine verschiedenen Geschöpfe jeweils leben. Das ist auch bitter nötig, denn würden die Weisheit Gottes, seine Liebe und Treue beispielsweise unvermittelt und ungefiltert über uns Menschen ausgegossen, würden wir allesamt sterben, weil wir nicht in der Lage wären, diese allerhöchsten Energien zu verkraften. Die Schar der Engel ist somit ein unentbehrliches Bindeglied zwischen Gott und seinen Erdengeschöpfen. Ohne die Engel wären wir nicht in der Lage, die Geschenke Gottes zu empfangen und in uns aufzunehmen.

Es findet folglich eine fortwährende Übertragung göttlicher Geschenke von der einen Engel-Hierarchie in die andere, unter ihr stehende Hierarchie statt. Jede formt dabei die Geschenke Gottes wieder auf ihr eigenes, niedrigeres Niveau um und macht sie auf diese Weise in der Sphäre wirksam, in der diese Hierarchie lebt. Das Umformen geschieht durch das Wesen der Engel selbst, indem sie die Geschenke in ihrem Herzen empfangen, sich dieser bewusst werden und dann lernen, auf ihre eigene Weise mit ihnen umzugehen. Wir sehen daran, wie sich aus dem Herzen Gottes ein fortdauernder Strom schöpferischer Kräfte in die entferntesten Ecken des Weltalls ergießt.

Jeder der neun verschiedenen Engelchöre ist für die Hierarchie verantwortlich, die unter ihm steht und dessen Führung ihm obliegt. Nur die unterste der neun Hierarchien, die Engel, übernimmt keine Führung über eine unter ihr stehende Hierarchie, sondern über die Menschen. Indem sie diese Verantwortung wahrnehmen und ihren Auftrag erfüllen, nämlich die Menschen zu führen, wachsen die Engel selbst auch in Bezug auf Einsicht und Weisheit. Alles, was sie selbst auf diese Weise, indem sie die Führung übernehmen, an geistigen Einsichten, an Liebe und an wachsender Schöpferkraft erwerben dürfen, schenken sie im Folgenden aus Dankbarkeit den Engeln, die „über" ihnen stehen. Das ist ihre Art und Weise, diesen höheren Engeln für ihre stille und treue Führung zu danken. Die geistigen Geschenke, die die Engel der über ihnen stehenden Hierarchie zuwenden, bilden gleichsam die „geistige Nahrung", von der wiederum die „höheren" Engel leben und wodurch sie wachsen und sich weiterentwickeln können. So bieten die Engel ihre Geschenke den Erzengeln an, die diese dann als geistige Nahrung in sich aufnehmen. Die Erzengel ihrerseits wiederum geben ihre geistigen Geschenke der Einsicht, Liebe und wachsenden Schöpferkraft aus Dankbarkeit an die Engel weiter, die über ihnen stehen – an die Urkräfte. So entsteht in der Folge eine aufstrebende Leiter, entlang der die Engel einander ihre geistigen Kräfte weitergeben. Letztendlich kommen alle diese wachsenden Kräfte bei Gott selbst an. Die Seraphim tragen ihre Geschenke der Liebe, der Dankbarkeit und des Vertrauens in das Herz Gottes. So wächst Gott selbst durch die Kräfte, die seine Engel ihm zutragen. So wächst der Kosmos durch die wachsenden Schöpferkräfte der Engel.

Engel empfangen und geben oder geben und empfangen. So empfangen sie beispielsweise Liebe und Weisheit von den Erzengeln, die über ihnen stehen. Daraufhin geben sie den Engeln ihrerseits jedoch ihre eigenen geistigen Geschenke, die sie dabei erworben haben, wiederum zurück. Doch die Erzengel bieten den Engeln – oder die Engel den Menschen – die unter ihnen stehen, auch ihre Führung an und empfangen und lernen umgekehrt wieder von den Engeln oder Menschen. Es herrscht also ein fortwährendes Geben und Nehmen nach 'oben' und nach 'unten'. Es mag manchen vielleicht verwirren, so groß und allumfassend sind die Schönheit und die liebevolle Anteilnahme, die im gesamten Kosmos herrschen. Alles im Kosmos lebt von- und füreinander.

Die geistige Nahrung der Engel

Wir sagen mit Recht, dass alle Engel ihre wachsenden Einsichten und ihre Liebe den Erzengeln, die über ihnen stehen, als Geschenk anbieten. Nun werden die dankbare Liebe, die Einsicht und die wachsende Schöpfungskraft, die den Erzengeln aus Dankbarkeit geschenkt werden, auch „geistige Nahrung" genannt, von der die 'höheren' Engel leben und wodurch diese wachsen können. Das klingt in unseren Ohren möglicherweise zunächst etwas fremd. Was ist mit dem Ausdruck „geistige Nahrung" gemeint? Diese Bezeichnung ist vielleicht gar nicht so befremdlich, wie es auf den ersten Blick erscheinen mag. Vor allem, wenn man bedenkt, wie auch wir Menschen in unserer menschlichen Welt durch die Liebe und Dankbarkeit wachsen, die wir von anderen empfangen. Die Wärme und Liebe unserer Mitmenschen – unserer Eltern, unserer Kinder, unserer Freundinnen und Freunde – sind lebenswichtig für uns. Ohne die Liebe würden wir keine ausgeglichenen, selbstständigen und liebevollen Menschen werden und bleiben können. Wir wissen heutzutage nur allzu gut, wie schwer es Menschen im Leben haben, die als Kind keine echte Liebe, Beachtung und Fürsorge erhielten. Sie werden dadurch zu unsicheren, ängstlichen Menschen und spüren in ihrem späteren Leben immer noch, dass ihre Seele in ihrer Jugend verkümmert und beschädigt wurde. Diese Schäden können ein Leben lang spürbar bleiben. So gesehen können wir also sehr gut nachvollziehen, dass auch für uns Menschen Liebe, Fürsorge und Beachtung die geistige Nahrung bilden, durch die unsere Seele wachsen kann. Man könnte sogar sagen, dass diese geistige Nahrung mindestens so wichtig ist wie die gewöhnliche körperliche Nahrung, vielleicht sogar noch bedeutsamer. Man kann außerdem auch feststellen, dass diese konkrete körperliche Nahrung im Grunde ein Abbild der geistigen Nahrung ist, von der unser Herz lebt.

Auf dieselbe vergleichbare Weise leben die Engel von der Liebe, der Aufmerksamkeit und der Fürsorge, die sie sich einander gegenseitig schenken. Ich möchte sogar behaupten, dass unser ganzes Universum auf diese gegenseitige, sich selbst hingebende Liebe aufgebaut ist. Dies ist das feste Fundament unseres Universums, ohne das kein Leben möglich sein kann. Wir sehen daran, dass unser Universum wirklich auf Liebe aufgebaut ist.

Zum ersten Mal in der Geschichte des Kosmos sind wir Menschen nun im Begriff, unseren Platz als das unterste Glied der kosmischen Engelleiter, als „zehnte Leitersprosse" oder als „zehnte Hierarchie" am unteren Ende der Leiter, bewusst einzunehmen. Wir beginnen allmählich, aus uns selbst heraus, bewusst unsere geistigen Einsichten, unsere Liebeskraft und unsere Schöpfungskraft den Engeln zu schenken, die uns täglich begleiten und so ganz intensiv mit uns verbunden sind. Die 'gewöhnlichen' Engel geben diese Energie daraufhin in umgearbeiteter Form – es wird gleichsam durch ihr eigenes Wesen hindurch auf eine höhere Ebene gebracht – an die Erzengel weiter. Letztendlich kommen die Geschenke, die wir unseren Engeln übergeben, bis zum Herzen Gottes. So beginnen wir in unserer Zeit, Schritt für Schritt bewusst unseren Platz in der kosmischen Ordnung einzunehmen. Wir erkennen allmählich, dass wir *kosmische* Wesen sind und sich die Reichweite unseres Wirkens nicht auf die Erde beschränkt, sondern unsere Liebeskräfte durch die verschiedenen, stets höheren Engel bis in alle Dimensionen des Kosmos hindurchwirken. *Wir verstehen, dass wir nicht nur Erdenmenschen, sondern in Wahrheit kosmische Wesen sind.*

Nicht ohne Grund machen immer mehr Menschen in unserer Zeit Erfahrungen mit Engeln. Nicht ohne Grund werden immer mehr Kinder geboren, die auf ganz natürliche Weise hellseherische Fähigkeiten haben und uns über „die Menschen aus Licht", die sie wahrnehmen, oder über die Farben, die sie in der Aura eines Menschen sehen, berichten können. Nicht ohne Grund beginnt in unserer Zeit der Schleier, der so lange Jahrhunderte hindurch die geistige Welt vor unseren Augen verborgen hielt, sich zu lichten. Nicht ohne Grund haben so viele Menschen hellseherische Fähigkeiten, über die sie im ersten Moment oft erschrecken, weil eine derartige Erfahrung ein ganz anderes, viel stärkeres Licht auf die Wirklichkeit wirft. Diese scheint nun auf einmal nicht mehr länger dreidimensional zu sein, sondern viel weitreichender und größer, als man jemals geglaubt hätte. All diese Erfahrungen und Veränderungen in unserer Wahrnehmung haben den Zweck, uns dazu hinzuführen, unsere neue Position als bewusste kosmische Wesen in einer kosmischen Ordnung einzunehmen. Um diesen Schritt, dieses Wachstum zu erwachten, kosmischen Wesen wahr werden zu lassen, geht es in unserer Zeit darum, uns der Führung durch die Engel, die wir täglich erfahren, bewusst zu werden, so dass wir dadurch eine lebendige Verbindung mit ihnen eingehen und erleben können. Im Folgenden geht es darum zu erkennen, wie sehr wir mit unserem eigenen Leben auch die Engel beeinflussen. Es geht darum zu lernen, ihnen aus Dankbarkeit unsere wachsenden Liebeskräfte als unser persönliches Geschenk zu überreichen. Allein auf diese Weise werden wir die Einladung, die in unserer heutigen Zeit aus dem Kosmos ergeht, nämlich unseren Platz als kosmische Weltenbürger einzunehmen, auch wirklich beantworten können.

Was wir den Engeln schenken dürfen

Immer, wenn wir schlafen, ruhen wir uns aus, um neue Kräfte für den kommenden Tag zu schöpfen. Doch wir vergegenwärtigen uns meist nicht, woher diese neuen Kräfte denn wohl kommen. Wir nehmen einfach an, dass wir uns am folgenden Tag ausgeruht fühlen, weil unser Körper und unsere Gedanken beim Schlafen zur Ruhe kamen; dass wir die neuen Lebenskräfte jedoch während des Schlafs aus der geistigen Welt empfangen und sie gleichsam aus der geistigen Welt beim Wachwerden mit in das bewusste Leben des Alltags hineingenommen haben, ist für die meisten von uns ein befremdlicher, unbekannter Gedanke. Doch wurde uns von der jahrhundertealten christlichen Tradition überliefert, dass gerade dies in der Nacht geschieht. Es wurde erzählt, dass wir nachts im Schlaf unseren Körper verlassen und die geistige Welt betreten. Dort treffen wir unseren persönlichen Schutzengel und werden durch ihn – oder sie – mit den heiligen Energien der geistigen Welt gesegnet und gestärkt. Unser Engel bildet gleichsam den Kanal, durch den die Energien zu uns strömen. Dabei verleihen die Energien nicht nur unserem Körper neue Lebenskraft, sie schenken auch unserer Seele Ruhe. Außerdem vermitteln sie uns, so oft wir dafür offen sind, auch Einsicht – sie gewähren uns Einsicht in unser Leben, sie geben uns eine Antwort auf die vielen Fragen, mit welchen wir ringen, und sie schenken uns Mitgefühl für unsere Mitmenschen.

Nicht ohne Grund kennen wir in unserer Sprache die Redewendung: „Da muss ich erst eine Nacht darüber schlafen." Ein merkwürdiger Ausspruch. Denn wir gebrauchen ihn, wenn wir mit einer Frage oder einer Situation konfrontiert werden, auf die wir noch keine Antwort wissen. Wir erwarten dann, dass die Antwort darauf uns im Schlaf wie von selbst in den Schoß fällt, sodass wir, wenn wir wach werden, auf einmal wissen – so und so muss ich auf die Situation reagieren oder jene Antwort muss ich geben. Wir denken dabei meist nicht darüber nach, wir wir denn diese Antwort gefunden haben. Warum wurde jene Antwort ausgerechnet in der unbewussten Stille des Vergessens, im Schlaf, in uns geboren? Denn merkwürdig scheint es schon, dass eine solche Antwort uns nicht einfällt, wenn wir uns bei vollem Bewusstsein darüber unser Gehirn zermartern, sondern dass sie sich ausgerechnet im unbewussten Zustand des Schlafes zeigt. Offenbar sind im Schlaf größere und stärkere Kräfte wirksam als die Kräfte unseres Denkens und Bewusstseins. Die größeren Kräfte sind dann auch die Inspirationen und Einflüsterungen durch unseren Engel während unserer Begegnung mit ihm im Schlaf. Es ist verständlich, dass diese Inspirationen durch unseren Engel größere Kräfte darstellen als die Kraft unseres eigenen Denkens. Wir sind in der jetzigen Phase der menschlichen Evolution noch nicht weit genug entwickelt, um in unserem bewussten Alltagsleben die Erinnerung an die nächtlichen Erlebnisse zu bewahren. Irgendwann, wenn wir uns weiterentwickelt haben, werden wir in einem der folgenden Leben erfahren dürfen, dass wir morgens beim Erwachen noch eine klare Erinnerung an unseren Engel haben und an das, was er uns mitgegeben hat. Doch im Augenblick sind wir noch nicht so weit. Im Augenblick wirken die Kräfte unbewusst auf unser Leben im Alltag ein. Daher haben wir im Augenblick noch so wenig – oder auch keine – Ahnung von dem, was wir nachts alles erleben.

Während unserer nächtlichen Begegnungen empfangen wir also höhere, geistige, stärkende und Einsicht verleihende Kräfte von unserem Engel. Doch wir, unsererseits, haben unserem Engel auch etwas zu geben – die geistige Nahrung, wovon dieser lebt. Welches sind denn nun die Inspirationen und die geistigen Kräfte, die wir unserem Engel jede Nacht geben können? Was nehmen wir aus dem bewussten alltäglichen Leben mit in die Nacht hinein, um es unserem persönlichen Engel während unserer nächtlichen Astralreisen zu schenken?

Jahrhunderte hindurch wurde von Generation zu Generation – im Geheimen, denn bis in unsere Zeit hinein war dies alles Geheimwissen – weitergegeben, dass es drei Arten von Geschenken gibt, die wir unserem Engel nachts übergeben können, zumindest wenn wir uns diese zuvor selbst im Lauf des vergangenen Tages angeeignet haben. Schließlich können wir nur das geben, was unser persönlicher geistiger Besitz geworden ist.

Die drei Geschenke sind folgende:
♦ Als erstes nehmen wir nachts diesen Enthusiasmus und die Begeisterung mit, mit der wir tagsüber über unsere Ideale gesprochen haben. Wir nehmen die Wärme mit, mit der wir mit anderen über diese Ideale geredet haben. Wir nehmen die Kraft mit, die aus unserem inneren Wissen geboren wurde. Wenn wir tagsüber von innen beflügelt waren, dann waren unsere Worte von einer tiefen Inspiration, Liebe, Wärme und Begeisterung durchdrungen. Genau diese warme, enthusiastische Stimmung, von der unsere Worte durchtränkt waren, nehmen wir in der Nacht mit in die geistige Welt. Dabei geht es natürlich um einen Enthusiasmus, der nicht auf materielle Dinge ausgerichtet war – auf ein neues Auto, ein anderes Haus oder eine bessere Arbeitsstelle – sondern um einen Enthusiasmus, der in uns lebendig war, weil wir Möglichkeiten sahen, diese Welt ein wenig besser zu machen, um anderen etwas Einsicht vermitteln zu dürfen oder zu ihrem Recht zu verhelfen. Es geht also um einen Enthusiasmus, der nicht aus Eigennutz geboren wurde, sondern der einer großen Liebe zu unserer Erde, zu allen Geschöpfen und darum auch zu allen Menschen entspringt. Dieser Enthusiasmus strömt zwar im Lauf des Tages zu unseren Mitmenschen, doch er hinterlässt in uns selbst auch eine tiefe Freude, einen schillernden Glanz. Diese Freude, dieser Glanz sind es, die wir nachts an unseren Engel weitergeben können und die für ihn das Geschenk sind, wovon er lebt und woran er wächst.

◆ Unser persönlicher Engel gibt diese Freude und diesen Glanz, die wir ihm überreichen, anschließend wieder an seinen Erzengel weiter. Denn die Erzengel sind die Hüter der Sprache. Sie tragen Sorge dafür, dass die Worte der Menschen von Liebe, Weisheit und Einsicht durchdrungen bleiben. Doch um diese Aufgabe gut verrichten zu können, müssen die Erzengel umgekehrt auch von den Menschen eine Rückmeldung bekommen, wie diese das stille Werk der Erzengel erlebt und umgesetzt haben. Für die Erzengel ist es also wichtig, für ihre Arbeit an der Sprache durch die Menschen selbst inspiriert zu werden. Je mehr wir nachts dem Erzengel über unseren Engel schenken können, desto stärker und tiefer wird unsere Verbundenheit mit dem Erzengel. Es erscheint so, als ob wir dadurch inspiriert würden, tagsüber noch gewandter zu sprechen. Vielleicht werden wir dadurch leichter in die Lage versetzt, in unseren Worten eine stille Liebe und Wärme durchklingen zu lassen. Je mehr wir nachts an die Erzengel zu geben haben, desto mehr werden wir umgekehrt durch diese auch gesegnet und inspiriert.

◆ Wir haben jedoch noch mehr zu geben; denn abends, vor dem Schlafengehen, kommt es häufig vor, dass wir im Rückblick auf den vergangenen Tag eine tiefe Zufriedenheit oder Unzufriedenheit in uns spüren. Wenn es uns an diesem Tag geglückt ist, bei allem, was wir taten, selbst in den kleinsten Handlungen, tiefe Wärme und Respekt hineinzulegen, dann fühlen wir uns abends zufrieden. Mit dieser Wärme und Zufriedenheit ist es uns gelungen, durch unser Handeln andere Menschen zu erwärmen und zu erfreuen sowie mit unserem Tun und Lassen Ehrfurcht für alles auszudrücken, was lebt und existiert, sei es eine Blume, ein Stein, ein Vogel oder die Sterne. Zufriedenheit erfüllt uns, sobald wir die Ruhe und den inneren Frieden finden können, um diese Liebe anderen Menschen zuströmen zu lassen und mit allen Dingen ehrfurchts- und respektvoll umzugehen, aus einem Bewusstsein heraus, dass wirklich alles, was existiert, aus Gott kommt und folglich seinen Abdruck in sich trägt. Wenn uns dies an einem Tag mehr oder minder gut gelungen ist, fühlen wir uns zufrieden und legen uns in dieser Zufriedenheit schlafen. Diese Zufriedenheit können wir dann im Schlaf, bei unseren nächtlichen Astralreisen, unserem Engel als Geschenk weitergeben. Unser Engel reicht dieses Geschenk daraufhin über die Erzengel an die Urkräfte weiter. Denn die Urkräfte begleiten unsere karmischen Lebenslektionen auf Erden und verleihen ihnen Form. Sie stellen gleichsam anhand dessen, was wir in vergangenen Leben taten oder unterließen, die Lektionen zusammen, die wir auf Erden zu lernen haben. Daher ist es gerade für die Urkräfte wichtig, erfahren zu können, dass wir die Lebenslektionen mit Liebe und Respekt erfüllen. Eben diese Liebe und dieser Respekt wiederum bilden für die Urkräfte inspirierende "geistige Nahrung".

♦ Doch die Urkräfte geben uns auch wieder etwas zurück. Als Antwort auf die Geschenke, die sie von uns empfangen durften, schenken sie uns ihrerseits wiederum eine stille Kraft, die unser Gewissen schärft. Wir werden allmählich merken, wie unser Gewissen immer deutlicher in uns zu sprechen beginnt. Wir werden merken, dass uns unser Gewissen immer vertrauter wird und wir unserem Gewissen viel leichter als früher folgen können. Darüber hinaus schenken die Urkräfte uns jedoch noch ein verstärktes inneres Wissen, so dass wir aus diesem inneren Wissen heraus auch die richtigen Schritte in diesem Leben setzen können und unsere Lebenslektionen noch besser als zuvor erfüllen können.

♦ Die allerwichtigste geistige Nahrung für alle Engel ist jedoch unsere Liebe, eine tiefe, aufrichtige und bedingungslose Liebe. Eine freie Liebe, die jedem entgegen strömt und nicht durch eine starke Sympathie verklärt ist. Denn jede Sympathie erzeugt als Gegengewicht eine ebenso starke Antipathie. Also ist Sympathie, obwohl sie eine so liebevolle Kraft zu sein scheint, nicht so positiv, wie sie scheinen mag, weil sie jederzeit auch Antipathie, Abweisung und selbst Verurteilung von anderen mit sich bringt. Tiefe Liebe ist freilassende, ungebundene Liebe. Diese Liebe ist die geistige Nahrung schlechthin für alle Engel. Diese Liebe erreicht über die Engelleiter selbst die allerhöchsten Engel, die Cherubim und Seraphim. Von ihnen kehrt dann als Geschenk die Stärkung unserer Schöpfungskraft zu uns zurück, so dass wir mehr und mehr in der Lage sind, in unserer eigenen kleinen Welt dem

Leben ein anderes Gesicht zu geben. Es wird uns möglich, die Welt um uns herum in eine Welt der Liebe und des Friedens zu verwandeln. Dieses Geschenk wird uns aus den höchsten Engelwelten als Antwort auf unser Geschenk der Liebe gegeben.

Wir stellen also fest, wie sehr wir nicht nur mit unserem persönlichen Engel und seiner Sphäre, sondern wirklich mit allen Engelwelten verbunden sind. Die Tatsache, dass wir uns dessen nicht bewusst sind und uns am Morgen nicht mehr daran erinnern können, was in der vergangenen Nacht beim Austausch von geistigen Geschenken oder Kräften zwischen den Engeln und uns geschehen ist, bedeutet nicht, dass es deshalb nicht wahr sein muss. Die Gegenwart ist eine Zeit, in der das uralte Geheimwissen über diese nächtlichen Ereignisse nun für jeden zugänglich wird und jeder Mensch sich mit wachsender Einfühlsamkeit öffnen kann. Je reiner und ehrlicher wir dann von innen heraus werden, desto sensibler und empfindsamer werden wir für diese nächtlichen Ereignisse und können allerlei Bruchstücke dieser Geschehnisse klarer in unser Bewusstsein aufnehmen. Dann – und nur dann – werden wir sehen, fühlen und wissen, dass das, was wir bis jetzt nur akzeptieren mussten, weil es uns so erzählt wurde, auch wahr ist. Denn dies ist das Geheimnis: Wer sich der Engelwelt bewusst wird und mit Ehrfurcht und Respekt versucht, auch aus sich selbst heraus die Engel mit Geschenken zu bereichern, die sie ihrerseits nutzen können, der wird erfahren, dass sie oder er allmählich ein Wissender wird. Er oder sie wird ein Mensch werden, der alles, was ich oben beschrieben habe und was uns aus der ehrwürdigen spirituellen Tradition überliefert wird, aus eigenem Wissen bestätigen kann. Jede Nacht besuchen wir die Engel, und wenn wir uns in unserem bewussten Leben des Alltags darauf so gut wie möglich vorbereiten, glauben wir aufgrund der nächtlichen Begegnungen auch an dieses Wissen; denn Wissen entsteht dort, wo Liebe in immer tieferer Reinheit in uns lebendig wird.

Mit den Engeln verwandt

Mit den Engeln verwandt und doch verschieden

Es ist auffallend – und auch etwas ganz Besonderes – wenn man an dieser Stelle innehält, dass sich in den letzten Jahren eine ganz neue Sichtweise hinsichtlich der Frage, wer wir Menschen nun eigentlich sind, entwickelt hat. Es wird immer öfter und unbefangener über ein „Höheres Selbst" gesprochen, über das eigentliche „Ich" im Menschen oder über den „Heiligen Geist" oder den „Geist" im Menschen. Außerdem hören wir, wie in der buddhistischen Tradition über die „Buddha-Natur" im Menschen gesprochen wird. Alle diese neuen Begriffe, die in unserer Sprache Einzug gehalten haben, weisen darauf hin, dass wir in unserer heutigen Zeit beginnen zu erkennen, dass in uns selbst etwas Höheres, etwas Göttliches lebt. Es dringt allmählich zu immer mehr Menschen durch, dass wir von unserem Ursprung her und in unserem tiefsten Kern eigentlich göttliche Wesen sind, was doch eine ganz neue Betrachtungsweise unseres eigenen Wesens ist! Die Zeit liegt noch nicht weit zurück, als wir uns selbst vor allem als sündige Wesen betrachteten, die laut Dogma zu nichts Gutem imstande waren. „In Sünde empfangen und geboren und zu allem Übel bereit", lernte ich noch als Kind in der Kirche. Das war doch etwas ganz anderes als die Vision des Menschen, die sich in unserer heutigen Zeit entwickelt.

Jetzt erst, so scheint es, beginnen wir zu begreifen, warum Jesus zu seinen Jüngern sagte: „Ihr seid Götter." Als Johannes, der Lieblingsjünger Jesu, einst in einer Vision einem Engel begegnete und in tiefer Ehrfurcht angesichts der strahlenden Lichtkraft dieses

Engels vor ihm niederknien wollte, sagte der Engel zu ihm: „Tue es nicht! Ich bin dein Mitknecht und dein Bruder. Bete Gott an!"[7)] Der Engel steht nicht über uns, sondern weiß, dass er uns auf eine bestimmte Weise ähnlich ist – beide dienen wir demselben Gott.

Wir dürfen feststellen, dass die Erzengel, die Hüter der Sprache, uns mit dieser Reform unserer Sprache und der Anreicherung mit neuen Worten und Begriffen auch eine ganz neue geistige Einsicht in uns selbst geschenkt haben. Nicht unser Körper und nicht unser Ego sind unser eigentliches Wesen, sondern in unserem tiefsten Inneren sind wir der göttliche Kern, das Höhere Selbst. Unser Körper und unser Ego sind nur mehr die Hüllen, in welchen der göttliche Kern hier auf Erden geborgen ist. Doch die Hüllen sind nur Umhüllungen. Sie bilden nicht unser eigentliches Wesen.

Diese neue Einsicht ermöglicht es uns, allmählich auch noch etwas anderes zu erkennen, dass wir Menschen nämlich im tiefsten Innern mit den Engeln verwandt sind und ihnen vom Wesen her gleichen. Die Engel sind unsere kosmischen Brüder und Schwestern. In unserem tiefsten Kern, in unserer verborgenen Wesensmitte, sind wir ganz und gar Liebe, ganz und gar Friede – genau wie die Engel. Allerdings können die tiefsten göttlichen Kräfte bei uns nur in ganz geringem Maß durch die unterschiedlichen Umhüllungen, von welchen sie umschlossen sind, nach außen strömen. Wir können in unserem Alltagsleben nur mit viel Mühe die göttlichen Kräfte der Liebe und des Friedens erfahren, weil unser Ego sich so viel stärker, so viel lärmender entwickelt hat als der göttliche Kern. Doch ändert dies nichts an der Wahrheit, dass wir in unserem tiefsten Innern über einen göttlichen Kern verfügen. Immer stärker dringt es zu uns durch, dass es unsere höchste Lebensaufgabe ist, unser Ego umzuwandeln und so zu reinigen, dass die göttlichen Kräfte in uns ungehindert sichtbar und spürbar werden können – für uns selbst und für unsere Mitmenschen.

Es wird nicht leicht sein, denn die Kräfte unseres Egos – der Eigennutz, die Habsucht, die Angst oder das Verlangen nach Sicherheit – sind tief und ganz stark in uns verwurzelt und hindern den göttlichen Kern in uns, spürbar und sichtbar zu werden und nach außen zu strömen. Doch je mehr wir an uns selbst arbeiten, je mehr wir mit allen unseren Kräften versuchen, unser Ego zu reinigen und umzuwandeln, desto mehr kann auch ein wenig von dem Glanz des göttlichen Ichs in uns sichtbar werden.

Je stärker wir uns nun des eigentlichen Kerns in uns bewusst werden, unseres tiefsten Wesens, desto mehr beginnen wir auch zu erkennen, dass die Engel unsere Brüder und Schwestern sind und wir ihnen von unserem Wesen her gleichen. Engel haben den gleichen göttlichen Kern, den auch wir in uns tragen. Man könnte sogar sagen, sie bestehen ausschließlich aus dem göttlichen Kern. Darum sind sie auch die vollendete Liebe, der vollkommene Friede, die alles überwindende Liebe. Doch dieselbe göttliche Kraft, die die Engel zu solch strahlenden Wesen macht, lebt auch in uns! Der einzige Unterschied zwischen den Engeln und uns besteht darin, dass bei uns Menschen der göttliche Kern in verschiedene Körper gehüllt ist, sozusagen in verschiedene Lagen Packpapier. (Ich spreche hier von Körpern in der Mehrzahl, denn auch unser Ego bildet in der Tat einen Körper, nämlich einen nicht-stofflichen Körper. Dieser Körper wird auch „Astralleib" genannt. Wir besitzen also nicht nur einen physischen Leib, sondern auch einen Astralleib.) Nun sind die verschiedenen Körper oder die verschiedenen Lagen Packpapier so dick und kräftig, dass es uns bisher nicht gelungen ist zu sehen, welcher Schatz eigentlich in den vielen Lagen Papier verborgen liegt. Doch jetzt, da wir ihn zu entdecken beginnen, jetzt, da wir uns unseres göttlichen Kerns bewusst werden, werden wir uns auch unserer Verwandtschaft mit den Engeln bewusst.

Nun benötigen wir Menschen diese Körper aus Packpapierlagen, um hier auf Erden leben zu können. Ohne diese Körper würde es uns nicht gelingen. Wir brauchen ein Ego und einen physischen Körper, um hier auf Erden als Mensch leben zu können. Gerade weil wir in diesem Leben über die Körper aus Packpapierlagen verfügen, ist es uns möglich geworden, hier auf Erden unsere Lektionen zu lernen und zu wachsen. Allein dadurch können wir hier etwas lernen, was die Engel in der geistigen Welt nicht lernen können? Es gibt Dinge, die man nur auf Erden lernen kann. Was wir hier lernen können, ist in der Tat etwas ganz Besonderes und Einzigartiges. Wir können hier lernen – geistig betrachtet – erwachsen zu werden und auf eigenen Beinen zu stehen. Wir können hier lernen, selbstbewusst zu werden. Wir können lernen, uns aus uns selbst heraus für die Liebe, den Frieden und die mitfühlenden Kräfte des Herzens zu entscheiden. Engel haben diese Wahl nicht; denn in der geistigen Welt sind das Licht, die Liebe und die Wärme Gottes so überwältigend und allgegenwärtig, dass die Engel nichts anderes tun können, als sich von ihr einnehmen zu lassen. Sie können nicht umhin, die göttlichen Liebeskräfte in sich aufzunehmen und sie auf alles Leben ausströmen zu lassen. Engel haben keine Wahlfreiheit. Die Kraft der göttlichen Liebe ist in der geistigen Welt zu stark, als dass man sich ihr widersetzen könnte.

Folglich ist die Erde eine ganz besondere Lebensschule. Hier ist das göttliche Licht gedämpft. Die Liebe erscheint auf Erden als schwache und zerbrechliche Kraft, die jedes Mal wieder den dunklen Kräften von Hass, Gewalt, Eifersucht und Egoismus unterliegt. Friede scheint hier eine beinahe unmögliche Aufgabe zu sein. Doch gerade deshalb ist es uns Menschen hier auf Erden möglich, uns in Freiheit für die Liebe und den Frieden oder dagegen zu entscheiden. Wo in der geistigen Welt jenes Licht, die Liebe und der Frieden alles beherrschend sind, so dass sich ihnen kein einziges Geschöpf entziehen kann, ist hier auf Erden alles gedämpft, verschwommen und verfinstert. Dafür haben wir hier die freie Wahl!

Dies alles führt dazu, dass wir hier auf Erden eine ganz einzigartige Lebensschule besuchen können, die die Engel nicht durchlaufen und auch niemals durchlaufen haben. Ihr Entwicklungsweg verlief anders als der unsere. Die Lebensschule auf Erden sorgt dafür, dass hier auf Erden ein ganz neues kosmisches Wesen geboren wird, das, anders als die Engel, die Freiheit, ein wachsendes Selbstbewusstsein und eine starke Ich-Kraft kennt. Alle Engel fühlen sich daher – aufgrund der Einzigartigkeit dieses Entwicklungsweges auf Erden – mit diesem 'Experiment', das sich hier abspielt, stark verbunden. Die 'gewöhnlichen' Engel, die täglich bei uns sind, beginnen gerade, aufgrund all der Ereignisse, die sie hier auf Erden mitverfolgen, den göttlichen Plan zu verstehen. Sie sehen die Größe dieses Planes, die Liebe, die er enthält, und seine Gesamtkonzeption. Sie dürfen sehen, warum auf Erden alles so geschieht, wie es geschieht. Sie dürfen hinter den Schleier des Sichtbaren blicken und sehen dadurch die geistige Führung, die hinter allem Sichtbaren verborgen ist. Durch ihre Verbundenheit mit uns Menschen, mit den Tieren, mit der Natur und der ganzen Erde beginnt die Majestät Gottes für die Engel klar zu werden. Durch die Liebe und Verbundenheit erhalten sie einen Einblick in den unvorstellbar großen Plan, den Gott für die Menschen und die Erde erstellt hat.

Wie die Engel Einblick erhalten

Aus der esoterischen Tradition wird uns überliefert, wie entscheidend es für die Engel war, sehen zu dürfen, dass vor etwa zweitausend Jahren der höchste kosmische Geist der Liebe, Christus, durch alle geistigen Reiche hinabstieg, um in die Sphäre der Erde einzutreten und sich durch die Taufe im Jordan mit dem Menschen Jesus von Nazareth zu verbinden. Sie sahen und begriffen, was die Menschen damals nicht begriffen. Sie sahen, dass unbeachtet blieb, was damals – Einzigartiges und Erschütterndes – geschah. Sie sahen, was uns Menschen verborgen blieb, weil wir nicht hinter den Schleier blicken können – dass der höchste Geist der Liebe Sphäre für Sphäre hinabgestiegen war, um endlich in jene Sphäre der Erde eintreten zu können. Sie sahen, wie das Herabsteigen Christi aus den höchsten Sphären des Lichtes ein Weg der fortwährenden, wiederholten Opfer war. Stets musste Christus sich seiner selbst mehr entledigen, stets musste dieser allerhöchste Geist seinen Glanz und seine Majestät mehr ablegen, um in die jeweils niedrigere Sphäre eintreten und sich mit ihr verbinden zu können. Natürlich hätte der Christus die niedrigeren Sphären auch ohne dieses Opfer betreten können. Natürlich hätte Christus die niedrigeren Sphären auch in all seiner Lichtkraft, in all seinem Glanz und seiner Majestät betreten können. Doch dann wäre er diesen niederen Sphären und den Wesen, die diese Sphären bewohnten, niemals gleich geworden. Christus aber wollte allen Menschen gleich werden. Er wollte in der Lage sein, sich mit uns Menschen zu verbinden, imstande sein, in das Herz des Menschen einzuziehen, um so den göttlichen Kern im Menschen zu erwecken. Um den Menschen gleich zu werden, musste sein Herabsteigen auf die Erde daher sehr wohl ein Weg der fortwährenden, wiederholten Opfer werden. Die Engel schauten bei diesem einzigartigen Ereignis zu. Es war einmalig, weil sich noch niemals ein göttliches Wesen auf eine derartige Weise „selbst entblößt" hatte, um einem niedrigeren Wesen gleich zu werden. Noch niemals zuvor hatte sich ein göttliches Wesen dem Menschen gleichgemacht. Doch nun sahen die Engel voller Ehrfurcht, wie dieses strahlende Lichtwesen schließlich in die Sphäre der Erde eintrat. Sie hörten und sahen, warum dies geschah. Christus wollte sich selbst mit den Menschen verbinden, um sie so aus ihrem Schlaf aufzurütteln; denn noch immer begriffen die Menschen nicht, wer sie eigentlich waren. Noch immer begriffen sie nicht, dass sie eigentlich, in ihrem tiefsten Kern, göttliche Wesen waren. Christus stieg auf die Erde herab, um sich selbst an die Menschen zu verschenken, um in ihr Herz zu dringen und den verborgenen göttlichen Kern zum Leben zu erwecken.

Die Engel betrachteten dieses Wunder, das sich damals in den geistigen Welten und auf Erden vollzog. Es muss ihnen, denke ich, viel Kummer bereitet haben, als sie merkten, dass die Menschen an diesem Wunder gleichgültig vorübergingen. Daher muss es ihnen in unserer heutigen Zeit viel Freude bereiten zu sehen, dass die Menschen sich nun endlich allmählich selbst erkennen – dass sie beginnen, sich selbst als göttliche Wesen zu sehen. Es scheint also so, als ob das Ereignis vor zweitausend Jahren nun endlich Früchte zu tragen beginnt.

An diesem Beispiel wird deutlich, wie die Engel an Einsicht wachsen. Sie sind auf die Erde, auf die Menschheit, die Tiere und die Natur ausgerichtet. Sie sehen, wie die Menschheit sich genau so entfaltet und fortentwickelt, wie es der göttliche Plan bestimmte. Sie sehen, anders als die Menschen, hinter allen sichtbaren Ereignissen den verborgenen geistigen Plan. Sie erkennen seine Dimensionen, während wir Menschen so oft im „Warum?" steckenbleiben, weil es uns nicht vergönnt ist, hinter den Schleier zu blicken. Es ist dieser Blick auf den Plan Gottes, den er mit der Erde und all ihren Bewohnern verfolgt, der den Engeln Einblick in das Wesen Gottes schenkt – in seine endlose Liebe und Verbundenheit mit seinen Geschöpfen. Dieser Blick auf den großen Plan Gottes gewährt ihnen gleichzeitig auch Einblick in die großen Geheimnisse, die mit dem Wachstum und der Entwicklung des ganzen Kosmos verbunden sind. Die Engel wachsen dadurch, dass sie sich mit uns verbinden und in dieser liebevollen Verbindung Einblick in das „Warum?" erhalten.

Der Mensch wird über die Engel gestellt

Wir stellen also fest, wie wir Menschen einerseits mit den Engeln verwandt sind, wie wir andererseits jedoch auch einen anderen Entwicklungsweg, einen ganz einmaligen, anderen Evolutionsweg als sie gehen. Paulus hat einmal geschrieben, dass wir Menschen einst, am Ende unseres langen Entwicklungsweges auf Erden, über die Engel gestellt werden sollen. Weil dies eine solch spannende, vielsagende und enthüllende Aussage ist, möchte ich auf diesen Punkt etwas ausführlicher eingehen.

Wie Paulus das auch in anderen Dingen, in anderen Briefen, häufig tut, erhebt er diesen Ausspruch beiläufig und inmitten der Erörterung über die Art und Weise, wie die ersten Christen ihr Recht finden sollen – nicht bei Ungläubigen und nicht bei der Obrigkeit, sondern bei einem weisen Menschen aus ihrer eigenen Mitte, der dafür dann einen speziellen Auftrag erhalten muss. Solche weise Menschen, die imstande sind, Recht zu sprechen, müssten in den ersten Christengemeinden sicherlich zu finden sein, sagt er, und dann folgt der wunderliche Ausspruch: „Wisset ihr nicht, dass wir über die Engel richten werden?" [8] Paulus möchte damit sagen, dass wir, wenn es unsere menschliche Berufung ist, einst über die Engel zu richten, sicherlich auch in der Lage sein müssen, in der jetzigen Sphäre aufrichtig, ohne jeglichen Eigennutz, über andere zu richten. Daher ist es nicht nötig, bei bestimmten Streitigkeiten zu einem weltlichen Gericht zu gehen, sondern es muss möglich sein, innerhalb der eigenen Gemeinde einen verbindlichen Urteilsspruch in der betreffenden Streitfrage zu finden.

Die Aussage über die Engel ist folglich eine scheinbar ganz beiläufige Anmerkung, die Paulus macht, um seiner Argumentation zu einer ganz anderen Angelegenheit besondere Kraft zu verleihen. Dabei fallen zwei Dinge auf:

◆ Erstens wird aus der Art und Weise, wie Paulus diese Bemerkung macht, deutlich, dass das, was er mit der Bemerkung ausdrückt, für ihn vollkommen selbstverständlich ist und keiner weiteren Erläuterung bedarf. Für ihn ist es selbstredend, dass die Evolution des Menschen darauf hinausläuft, dass wir eines Tages in der Lage und berufen sein werden, über die Engel zu richten. Wir wissen aus dem Lebenslauf des Paulus auch, dass er diese Einsichten direkt aus der geistigen Welt selbst empfangen hat, als er nämlich Astralreisen in die geistige Welt unternahm und dort ungeheuerliche Einsichten empfangen durfte. Es ist folglich nicht nur eine Bemerkung, die Paulus beiläufig macht, sondern diese Einsicht hat er aus den höchsten geistigen Welten empfangen.

◆ Zweitens wird jedoch auch deutlich, dass Paulus davon ausgeht, dass seine Leser zumindest mit diesem Gedanken vertraut sind. Er ruft ihnen lediglich in Erinnerung, was sie alle doch bereits wissen. Daher werden wir in diesem Fall wieder mit der Tatsache konfrontiert, dass in der Bibel allerlei Wissen und Einsichten zur Sprache gebracht werden, die nicht weiter ausgeführt wurden, weil sie in der damaligen Zeit dem Leser noch bekannt waren. Der Ausblick, dass wir Menschen einst über die Engel richten werden, muss demnach in jener Zeit bekannt gewesen sein, so dass dies keiner weiteren Erläuterung bedurfte.

Hier ist es wichtig zu verstehen, was eigentlich mit dem Wort „richten" gemeint ist. In unserer heutigen Zeit hat dieses Wort ja eine ganz andere Bedeutung erhalten, als es sie in früheren Zeiten besaß. Im Griechischen, in der Sprache, in der Paulus schreibt, ist das Wort „Gericht" verwandt mit „crisis", jener Krise, die ein Mensch durchmacht, wenn er zur Einsicht kommen will. Der Ausblick, dass wir einst über die Engel richten werden, soll daher bedeuten, dass wir eines Tages den Engeln helfen werden, zur Erkenntnis über sich selbst zu gelangen. Wir werden sie führen und ihnen helfen dürfen, sich ihrer selbst bewusst zu werden und zur Selbsterkenntnis zu gelangen.

Das ist kein unbedeutender Ausspruch, den Paulus hier tut. Einst wird unsere Entwicklung, bedingt durch die vielen Leben, die wir hier auf Erden führen, so weit fortgeschritten sein, dass wir nicht mehr länger die Führung durch die Engel empfangen, sondern umgekehrt deren Führung übernehmen dürfen.

Wie ist dies alles möglich, und wie können wir uns diese Entwicklung vorstellen? Einst, in ferner Zukunft, werden wir so weit gewachsen sein, dass wir in der Lage sind, die Kräfte unseres göttlichen Geistes – unseres Höheren Selbst – ungehindert und unverfälscht durch unsere Egos und unsere Körper auszudrücken. Einst werden wir also die verschiedenen Körper so gereinigt und umgewandelt haben, dass jeder sehen kann, wer wir eigentlich sind – strahlende, liebevolle, göttliche Wesen, die reine Liebe, Friede und Mitgefühl sind. Nur sind wir jetzt noch nicht so weit. Wir stehen jetzt erst an dem Punkt, an dem wir uns gerade bewusst werden, dass der göttliche Kern oder der göttliche Geist unser eigentliches Wesen ist. Wir stehen jetzt erst an dem Punkt, an dem wir beginnen, uns klar zu werden, wieviel Arbeit es noch bedarf, um unser Ego zu reinigen und es zu einer transparenten Hülle des göttlichen Funkens zu machen. Doch, so will Paulus uns sagen, wenn wir ein Leben nach dem anderen an der Umwandlung unseres Egos arbeiten, werden wir eines Tages zu Menschen werden, die ebenso strahlend, so liebevoll und so erfüllt von Vertrauen geworden sind wie die Engel. Doch dann, wenn wir endlich so geworden sind, wie wir in unserem tiefsten Innern sind, wenn wir endlich den Engeln gleich geworden sind, werden wir gleichzeitig auch noch über Kräfte verfügen, die den Engeln nicht zu Eigen sind – wir werden selbstbewusst sein, wir werden die Freiheit kennen, unsere eigene Wahl zu treffen, und wir werden und dürfen aus der selbstbewussten Ich-Kraft heraus leben, die wir uns hier auf Erden selbst erworben haben. Genau aus dieser Kraft heraus, über welche die Engel nicht verfügen, können wir ihnen Führung anbieten.

Im vorigen Kapitel wurde beschrieben, wie wir in unserer heutigen Zeit eine fundamentale Veränderung in Bezug auf unser Verhältnis zu den Engeln durchmachen. Über Äonen haben sie uns geführt. Tausende und Abertausende von Jahren haben sie uns mit ihrer Liebe behütet, haben sie uns geholfen, Schritt für Schritt zu wachsen. Jetzt, in unserer heutigen Zeit, werden wir, geistig betrachtet, endlich erwachsen. Unsere Beziehung zu den Engeln wird gleichberechtigter. Sie sorgen nicht mehr nur für uns, sondern wir werden uns auch bewusst, dass wir ebenfalls für sie sorgen können und ihnen auch etwas zu geben haben.

Einst, in ferner Zukunft, wird sich folglich noch eine Veränderung in unserem Verhältnis ergeben. Dann werden wir ihnen geistige Führung anbieten können. Wir werden ihnen helfen dürfen, um zu wahrer Selbsterkenntnis zu gelangen.

Wir Menschen haben alle eine Millionen von Jahren dauernde Geschichte der Verbundenheit mit den Engeln hinter uns. Nun stehen wir an der Schwelle zu einem neuen Zeitalter, in dem die Beziehung zwischen den Engeln und den Menschen tiefgreifend neu gestaltet wird. In zukünftigen Zeiten wird dann erneut eine gewaltige Veränderung in unserem Verhältnis stattfinden. Noch ist es nicht so weit. Noch sind wir damit befasst, uns in der heutigen Zeit unserer persönlichen Verantwortung für die Engel bewusst zu werden. Doch wenn wir beginnen zu erkennen, worauf die Verbundenheit zwischen den Engeln und Menschen hinauslaufen wird, kann diese Erkenntnis uns helfen, in der heutigen Zeit einen Anfang zu machen und die Verantwortung für die Engel zu übernehmen. Diese Erkenntnis kann uns auch helfen, nicht mehr länger allein, sondern in Verbundenheit mit ihnen zu leben.

Engel und Menschen – sie brauchen einander.

Die Engelwelt

Erst heute, da wir uns bewusst geworden sind, dass das Verhältnis zwischen Engeln und Menschen eine fundamentale Veränderung erfährt und wir uns darüber klar geworden sind, wie sehr die Engel auch unserer Unterstützung, unserer 'geistigen Nahrung' bedürfen, können wir uns auf die Frage konzentrieren, was denn nun eigentlich das Wesen oder der Auftrag der verschiedenen Engel ist.

Inzwischen sollte aus allem, was ich bisher dargelegt habe, deutlich geworden sein, dass wir hier auf Erden meist intensiv mit den 'gewöhnlichen' Engeln zu tun haben. Sie finden ihre Bestimmung darin, dass sie uns Menschen tatkräftige Führung bieten und uns mit ihrer Liebe umhüllen. Sie kennen uns besser, als wir uns selbst. Sie kennen unser Karma und wissen, mit welchem Lebensauftrag wir zur Erde gekommen sind. Aufgrund dieses Wissens schenken sie uns ihre liebevolle Führung. Sie sind aber im Hinblick auf ihr weiteres Wachstum und ihre weitere Entwicklung auch abhängig von unseren Geschenken. Es gibt folglich allen Grund dazu, ihrer Wirkung auf unser Leben besonders große Beachtung zu schenken.

Doch wie sieht es mit den anderen Engeln aus – etwa mit den Erzengeln und den Urkräften? Inwiefern haben wir Menschen noch etwas mit ihnen zu tun? Wir wissen inzwischen, dass die Erzengel und die Urkräfte wiederum Geschenke von den Engeln erhalten, die wir Menschen ihnen machen, die Geschenke unserer Liebe, unserer Begeisterung und unseres Idealismus sowie unserer Gebete. Letztendlich werden diese Geschenke über die Engelsleiter bis hinauf in das Herz Gottes getragen. Doch haben die Erzengel und die Urkräfte darüber hinaus noch eine andere Absicht mit uns Menschen?

Nun haben wir – gemäß den Einsichten von Paulus, wie sie von Dionysios dem Aeropagiten überliefert wurden [9] – in der heutigen Zeit vor allem mit Engeln der letzten, der dritten Hierarchie zu tun, mit den Engeln, den Erzengeln und den Urkräften (Fürstentümern). Diese drei Engelchöre sind alle drei in ihrer Wirkung ganz direkt auf die Menschen und auf die Erde ausgerichtet. Die Engel der zweiten und der ersten Triade hingegen arbeiten nicht so sehr an und mit der Erdenmenschheit, sondern wirken vielmehr im kosmischen Raum. Sie unterhalten den Kosmos und gestalten ihn aus (das ist das Werk der Engel der zweiten Hierarchie) und bilden daneben die Grundlage, auf welcher der Kosmos aufgebaut wird (das ist der Auftrag der Engel der ersten und höchsten Hierarchie). Mit den Engeln der zweiten und ersten Hierarchie haben wir also nicht direkt zu tun, abgesehen davon, dass sie einst zur Schöpfung des Menschen und der Erde beigetragen haben. Im Grunde wirken diese Engel noch immer daran mit, denn die Schöpfung des Menschen ist noch nicht vollendet, weil der Mensch noch nicht vollkommen ist, sondern noch auf dem Weg zu seiner Bestimmung.

Aus menschlicher Sicht betrachtet, ist es daher sinnvoll, unsere Aufmerksamkeit vor allem auf die Engel der dritten Hierarchie zu lenken, die ganz direkt für den Menschen zuständig sind und von welchen wir täglich achtsame und liebevolle Führung erfahren. Wie funktioniert diese Führung, und wie können wir ihre Wirkung erspüren? Im Groben umrissen, können wir es uns so vorstellen:

♦   die Engel arbeiten mit Individuen, mit Einzelpersonen, manchmal auch mit (kleineren) Gruppen;

♦   die Erzengel arbeiten mit Völkern und großen Bevölkerungsgruppen;

♦   die Urkräfte arbeiten an der ganzen Erde und an der gesamten Menschheit. Sie sorgen dafür, dass genau die Energien zur Erde und der Menschheit strömen, die diese im betreffenden Augenblick für ihre weitere Entwicklung und Evolution benötigen.

Die Engel

Die 'Alltags-Engel' arbeiten vor allem mit Einzelpersonen.[10)] Sie führen und inspirieren sie, sie helfen ihnen und versuchen dafür zu sorgen, dass jeder Mensch den Auftrag erfüllt und die Lektionen lernt, für die er zur Erde gekommen ist. Dabei tut jeder Engel dies auf seine eigene Weise. Jeder ist spezialisiert auf eine bestimmte Art von Begleitung. Viele Menschen, so habe ich festgestellt, finden die Vorstellung ein wenig befremdlich, dass die Engelwelt auf die gleiche Weise organisiert zu sein scheint wie die Welt der Menschen. Doch ist dies nicht so befremdlich, denn wie ich schon schilderte, ist unser Leben hier auf Erden ein Spiegelbild des Lebens in der geistigen Welt. Sieht man davon ab, dass hier auf Erden auch noch das Böse und der Egoismus ihren Einzug gehalten haben. Die Tatsache, dass die Menschen auf Erden sich spezialisieren und nach ihrem eigenen Können und Vermögen einen ganz persönlichen Beitrag für die Gesamtheit des menschlichen Lebens auf Erden liefern, ist eine Form von (Zusammen-) Leben, die geradezu ein Spiegelbild des Lebens in der geistigen Welt ist. Es ist also nicht so, dass es menschlichem Denken entspringt, wenn wir über die Ordnung der Engel sprechen, oder eine menschliche Art und Weise ist, um die unbegreifliche Engelwelt ein wenig begreiflicher zu machen. Es ist vielmehr so, dass man an der Ordnung der Menschenwelt ablesen kann, wie die Engelwelt geordnet ist. *Denn das Leben auf Erden ist ein Spiegelbild des Lebens in der geistigen Welt. Bevor sich auch nur ein Gedanke in den Menschenherzen regt, ist dieser Gedanke zuvor in der geistigen Welt entstanden und – auf geistige Weise – verwirklicht worden.*

Wenn wir nun die Ordnung der Engelwelt betrachten, können wir folgende Gruppen von Engeln unterscheiden:

Die Schutzengel

Die Schutzengel haben die Aufgabe, den Menschen, der ihrer Obhut anvertraut ist, sein ganzes Leben lang zu begleiten, vom Moment seiner Geburt an bis zum Augenblick seines Todes. Im

Grunde beginnt die Tätigkeit der Schutzengel schon früher, denn sie begleiten den Menschen schon vor dessen Geburt, wenn dieser aus der Lichtwelt auf die Erde herabkommt, um sich mit einem heranwachsenden Körper im Mutterleib zu verbinden und eine neue Inkarnation auf Erden zu beginnen. Der Schutzengel beendet sein Werk auch nicht mit dem Tod, sondern begleitet den Menschen nach seinem Tod auf dem Rückweg in die Lichtwelt. Wenn wir dann auch noch bedenken, dass uns dieser Schutzengel meist auch in den vorangegangenen Inkarnationen schon begleitete, lässt es sich leicht begreifen, dass unser Schutzengel nur zu gut weiß, warum wir auf die Erde gekommen sind. Er kennt die Lebenslektionen, die wir hier lernen wollen. Er weiß, wie unser Auftrag lautet, oft besser als wir selbst es wissen. Darüber hinaus versucht unser Schutzengel, uns zu begleiten und zu inspirieren, damit wir auch wirklich alle Lektionen lernen und unseren Lebensauftrag erfüllen.

Ich spreche über den Schutzengel als ein „Er", doch ich könnte ebenso gut über eine „Sie" sprechen. Engel sind androgyn, sie sind männlich und weiblich zugleich. Folglich können wir sie ebensogut mit „sie" bezeichnen wie mit „er". Wie der Leser wahrscheinlich bemerkt hat, benutze ich die Bezeichnungen abwechselnd, weil wir in unserer Sprache noch kein Wort haben, das beide Aspekte, den männlichen und den weiblichen, in einem einzigen Wort zusammenbringt und umfasst.

Unser Schutzengel inspiriert uns und spricht über unser Gewissen oder über Eingebungen zu uns, wie wir das dann nennen. In der Nacht, wenn wir schlafen, erreicht er uns auch. Nachts haben wir unsere Aufmerksamkeit von allem, was wir tun müssen, von allem, was von uns erwartet wird, und von den Sorgen und Schuldgefühlen, die uns beschäftigen, gelöst. In dieser Zeit inspiriert uns unser Engel ganz besonders; denn wenn wir im Schlaf aus dem Körper austreten, haben wir eine tatsächliche Begegnung mit unserem persönlichen Schutzengel. Je mehr wir uns auf die nächtliche Begegnung vorbereiten, desto mehr werden wir auf eine ganz subtile Art und Weise die Führung durch unseren Schutzengel erfahren.

Ich erwähnte, dass unser Schutzengel einen eigenen Namen hat und wir uns seines Namens bewusst werden können – etwa indem wir seinen Namen im Gebet oder in der Meditation erfragen. Daneben erzählte ich, dass dieser Name gleichsam ein Motto für unser persönliches Leben in dieser Inkarnation ist. Unser persönlicher Engel will mit diesem Namen einerseits die tiefe Verbundenheit mit uns ausdrücken und uns andererseits helfen, uns unseres Lebensauftrages bewusst zu werden. Letzteres deutet auf die große Verbundenheit hin, die der Schutzengel mit demjenigen eingeht, der seiner Obhut anvertraut ist.

Die Engel der Geburt und des Todes

Die Engel der Geburt helfen und begleiten uns, wenn wir uns mit einem heranwachsenden Körper im Mutterschoß verbinden. Sie helfen, um unseren geistigen Körper mit dem heranwachsenden physischen Körper zu verknüpfen. Außerdem helfen sie Mutter und Kind bei der Geburt; denn neben menschlichen Geburtshelfern sind bei der Geburt auch geistige oder himmlische „Geburtshelfer" anwesend, die die kosmischen Gesetze vollziehen, die in solchen Situationen zur Anwendung kommen. In späteren Zeiten und Inkarnationen, wenn wir mehr Einblick in die geistige Welt erhalten, werden wir auch mehr über das Werk der Engel erfahren und besser verstehen, welche Gesetze die Engel bei der Geburt vollziehen. Die Engel der Geburt helfen auch beim irdischen Geburtsprozess; denn jedes Menschenkind muss einen langen und nicht immer einfachen Übergang aus der geistigen Welt in die Welt der Materie durchleben. Es gibt eine Anzahl von Menschen, die im Übergang stecken bleiben und niemals richtig geerdet werden. Dies sind Menschen, die in einer Art Schwebezustand verbleiben. Ihnen gelingt es nie, mit beiden Füßen auf dem Boden zu stehen. Sie haben die Neigung, sich stets ein wenig um die Dinge herum zu winden, weil sie nie ausreichend Erdenkraft erworben haben, um klar zu sagen, wo sie stehen und worauf sie Wert legen. Es sind die Engel der Geburt, die uns gemeinsam mit unserem persönlichen Schutzengel bei diesem Erdungsprozess helfen. Man kann sagen, dass sie ihre spezifischen Kräfte den Energien hinzufügen, mit welchen uns unser persönlicher Schutzengel umgibt.

Die Engel des Todes begleiten Sterbende und stehen diesen bei, um den geistigen Körper beim Sterbeprozess wieder vom physischen Körper zu lösen. Sie helfen mit, um die Silberschnur, die den physischen mit dem geistigen Leib verbindet, zu lösen und zu durchtrennen.[11] Auch beim Sterben müssen kosmische Gesetze beachtet werden, von welchen die meisten Menschen keine Ahnung haben und über die sie erst in kommenden Inkarnationen einen Einblick gewinnen werden. Viele Menschen haben oft unbewusst die Anwesenheit dieser Engel des Todes auf dem Sterbebett erfahren. Sie spürten die Atmosphäre der Ehrfurcht, die um das Bett des Sterbenden herrschte, und fühlten dabei die Ausstrahlung dieses Engels des Todes; denn seine Ausstrahlung ruft in einer derartigen Situation große Ehrfurcht hervor.

Die Engel der Wiedergeburt

Die Engel der Wiedergeburt stehen uns mit all ihrer Liebe und ihrem Einsatz bei, so oft wir in unserem Leben einen Prozess der Bewusstwerdung durchmachen oder geistig erwachen. Auch wenn wir auf Erden leben, sind wir dennoch nicht (richtig) erwacht. *Wiedergeburt* meint, aus einem inneren Wissen heraus zu leben und zu lernen, dem zu vertrauen, was uns aus diesem inneren Wissen heraus gesagt wird. Es meint auch, dass sich die Augen des Herzens öffnen und wir lernen, hinter die Äußerlichkeiten zu blicken. Es ist damit gemeint, dass wir zu sehen beginnen, warum wir hier auf Erden leben. Wir fangen an, mit unserem Herzen zu begreifen. Es ist auch damit gemeint, seinen ganz individuellen Lebensauftrag, seine ganz persönliche Berufung in diesem Leben allmählich zu verstehen und zu entdecken. Überall, wo Menschen durch einen solchen Prozess gehen – bei vielen Menschen geschieht es im Lauf der so genannten „Midlife crisis" oder durch den Verlust eines geliebten Menschen – stehen die Engel der Wiedergeburt uns bei. Diesen Prozess meinte Jesus auch, als er zu Nikodemus sagte: „Wahrlich, wahrlich, ich sage dir: Es sei denn, dass jemand von neuem geboren werde, so kann er das Reich Gottes nicht sehen." [12] In diesem Text spricht Jesus also über unsere geistige Wiedergeburt, die Bewusstwerdung oder das Erwachen. Mit diesem Text ist keine künftige Inkarnation gemeint, wie man diese Stelle oft interpretierte, sondern das geistige Erwachen *in* einer Inkarnation. Mit dem Ausdruck „das Königreich Gottes" meint Jesus den inneren Frieden, den ein Mensch empfangen und in sich tragen kann, der bewusst geworden ist und aus innerem Wissen heraus lebt. Man muss nicht bis nach seinem Tod warten, um das Königreich Gottes zu sehen; man kann das Königreich, diesen tiefen inneren Frieden, jederzeit während dieses Lebens auf Erden in sich finden.

Es ist bewegend zu erkennen, dass wir Menschen bei diesen besonderen Geburtsprozessen jederzeit die unsichtbare Hilfe jener Engel erhalten, die darauf spezialisiert sind, diesen Wachstumsprozess im Menschen zu begleiten.

Die Engel der Heilung

Überall dort, wo Menschen erkrankt sind, wirken die Engel der Heilung. Mit ihren besonderen Kräften helfen sie den Menschen, wieder gesund zu werden oder, wenn Heilung nicht möglich ist, die Krankheit so gut wie möglich mit Vertrauen und innerer Würde zu ertragen. Daher sind diese Engel auch an Orten, wo kranke Menschen sind, so stark spürbar und für viele Menschen auch sichtbar – in Krankenhäusern, in Pflege- oder Wohnheimen. Sie sind auch dort zu finden, wo Menschen sich gemeinsam auf geistige Fragen besinnen und Erkenntnis gewinnen möchten. Denn auch dort, wo Menschen ihr Herz öffnen – und das geschieht, wenn wir uns wirklich im Herzen mit der geistigen Welt verbinden – werden die Engel der Heilung aktiv. In diesem Fall können sie uns innerlich bereichern. Die Engel der Heilung arbeiten ja immer auf der Grundlage jenes geistigen Gesetzes, dass die Heilung unseres Körpers sich dann und dort vollziehen kann, wo das Herz des Menschen Heilung, Ruhe und Frieden findet. Eben aus diesem Grund arbeiten sie dort so aktiv, wo wir Menschen unser Herz öffnen und uns mit unserem Herzen auf die geistige Welt ausrichten.

Die Gruppenengel

Engel begleiten und beschützen nicht nur einzelne Menschen, sie begleiten und beschützen auch ganze Gruppen von Menschen. Überall dort, wo Menschen sich für kurze oder längere Zeit zusammenfinden – einige Stunden, einige Tage, einige Monate oder eine bestimmte Dauer von Jahren – ist stets ein Engel anwesend, der den speziellen Auftrag hat, die Gruppenenergie zu schützen. Dieser Engel ist gleichsam der 'geheimnisvolle Dritte', der die gemeinschaftlichen Energien der Gruppenmitglieder verstärkt und für alle Mitglieder dieser Gemeinschaft spürbar macht. Wenn wir dann noch bedenken, dass durch diesen Engel die Liebeskraft Christi selbst hinabströmt, wird verständlich, was Jesus Christus einst gesagt hat: „Wo zwei oder drei versammelt sind in meinem Namen, da bin ich mitten unter ihnen." [13]

Diese besondere Kraft ist auch konkret erlebbar, wenn wir feststellen, dass, sobald wir mit zwei oder drei Menschen zusammen sind oder meditieren, die Kraft und Auswirkung des Gebetes oder der Meditation oft viel stärker ist als die Summe der einzelnen Gebete dieser Menschen. Das kommt von der segnenden Wirkung des Gruppenengels, der unsere verbundenen Energien segnet und verstärkt.

Andere Engel

Es gibt noch viele andere Engel, z.B. den Engel, der als Bote auftritt. Das griechische Wort *Angelos*, von dem unser Wort „Engel" abgeleitet ist, bedeutet wörtlich *Bote*. Dies ist ein Hinweis darauf, dass es eines der wichtigsten Merkmale der Engel ist, die Verbindung zwischen der materiellen und der geistigen Welt aufrechtzuerhalten und für die Menschen spürbar zu machen. Neben dem Engelboten kennen wir auch noch den „Verkuppel-Engel", der diejenigen Menschen verbindet und miteinander in Kontakt bringt, die gemäß ihrem karmischen Plan einander begegnen müssen. Darüber hinaus kennen wir beispielsweise auch noch den Engel der Sprache, den Gebetsengel, den Christus-Engel oder den Priester-Engel. Es sind alles Engel, die mit unserem Schutzengel eng zusammenarbeiten und erscheinen, um mit ihrer spezifischen Energie die Energie unseres Schutzengels, wenn es nötig ist, zu intensivieren

Es ist schon ein seltsamer und zugleich auch ergreifender Gedanke, dass 'hinter den Kulissen', 'hinter dem Schleier' zahllose Engel am Werk sind, um uns dabei zu helfen, unsere Aufgabe auf Erden so gut wie möglich zu verrichten. Meist beschäftigen wir uns nicht damit, weil unsere physischen Augen die vielen Aktivitäten der Engel gar nicht wahrnehmen. Doch wenn man sich einmal mit dem ganzen Herzen darauf konzentriert, stellt sich innerlich eine große Verwunderung über all die Liebe ein, die uns von Gott über seine Engel täglich zugetragen wird.

Es gibt zahllose Engelscharen. Jesus sagte einmal: „Oder meinst du, dass ich nicht meinen Vater bitten könnte, dass er mir mehr denn zwölf Legionen Engel schickte?"[14] Wenn wir annehmen, dass eine Legion aus mindestens 6.000 Mann besteht, vielleicht sogar aus 12.000 Mann, wie andere Historiker sagen, spricht Jesus hier folglich von mindestens 72.000 Engeln, möglicherweise sogar von über 144.000. Laut der "Offenbarung" sieht Johannes in einer Vision viele Engel und spricht dabei von „vieltausendmal tausend".[15] Lässt man diese Zahlen ein wenig auf sich wirken, dann beginnt man zu erkennen, wie wahr es ist, dass fortwährend Engel um uns sind, um uns zu helfen. Dann wird man erkennen, warum wir in der heutigen Zeit hören, dass sich nun aufgrund der besonderen Übergangsphase, in der wir gerade leben, eine Kette von Engeln rund um die Erde herum postiert hat, um uns zu helfen, die Transformation auf Erden gut zu durchleben.

Die Erzengel

Die Erzengel waren schon immer die Hüter unserer Sprache. Sie halfen und helfen uns, in unsere Sprache, also in die Worte, die wir sprechen, geistige Kräfte strömen zu lassen, um eine spürbare Liebe, Frieden, Aufrichtigkeit und Zuverlässigkeit in unseren Worten durchklingen zu lassen. Sie halfen und helfen uns also, unsere Sprache zu einem Instrument der Heilung zu machen. Dies ist ein bemerkenswerter Sachverhalt, nämlich die Tatsache, dass unsere Worte wirklich Heilung bringen können; denn die beschriebenen geistigen Kräfte haben heilsame Wirkung. Wenn sie in unseren Worten durchklingen, sind sie imstande, Menschen Heilung zu bringen. Dies wird umso deutlicher, wenn wir erkennen, dass die Genesung unseres Körpers mit der Heilung unseres Herzens beginnt. Liebevolle Worte können einem Menschenherzen Trost, Wärme und sogar Selbstvertrauen bringen – und folglich Heilung schenken. Wo das Herz Heilung findet, kann auch die Genesung des Körpers erfolgen.

Wie alle Engel, haben sich auch die Erzengel in den vergangenen Zeiten mehr und mehr zurückgezogen, um uns Menschen die Gelegenheit zu geben zu lernen, auf eigenen Beinen zu stehen und selbstständig zu werden. Das hatte unter anderem zur Folge, dass die Inspiration und Beeinflussung unserer Sprache durch sie immer mehr wegfiel. Das haben wir bemerkt, als die Entwicklung unserer Sprache eine negative Wendung nahm. Es war und ist die Rede von einer Verrohung unserer Sprache, von einer Vergröberung und zunehmend materialistischen Ausrichtung unserer Sprache. Dies ist eine Folge der Tatsache, dass es nun allein zur Aufgabe von uns Menschen geworden ist, unsere Sprache zu hüten und sie zu einem Träger geistiger und heilender Kräfte zu machen. Wir müssen, wir dürfen in unserer heutigen Zeit lernen, das zu tun, was die Erzengel früher taten – geistige Kräfte durch unsere Worte hindurchströmen zu lassen. Dies gelingt uns noch nicht in jedem Fall. Auch die Tatsache, dass unsere Sprache, beispielsweise in der Werbung, benutzt wird, um Menschen zu verführen und zu verlocken, ist ein Hinweis auf die Wertminderung unserer Sprache. Als die Erzengel ihren Einfluss noch nachhaltig geltend machten, war es nicht möglich, eine derartig irreführende Sprache zu benutzen. Das wurde durch die heiligen Energien der Erzengel verhindert; denn Worte waren und sind heilig. Darum sollte man ganz genau auf den richtigen Gebrauch der Worte achten. Wie heilig Worte wirklich sind – von der geistigen Warte aus betrachtet – wird deutlich, wenn wir hören, dass Johannes in seinem Evangelium Christus auch als „das Wort" bezeichnete.[16)] Er konnte dies, denn damals hatte der Mensch noch ein Gefühl für die Tatsache, dass ein Wort schöpferische und heilsame Kräfte in sich trägt. Der Klang, die Schwingung eines liebevollen Wortes, so wusste man in jenen Tagen noch, vollbrachte allein schon die Heilung. Und wie könnte man Christus besser ehren als dadurch, dass man ihn mit einem *heiligen Wort* vergleicht?

Glücklicherweise helfen die Erzengel in unserer heutigen Zeit weiterhin, unsere Sprache in eine heilsame, heilende und Frieden bringende Sprache umzuwandeln. Doch anders als in früheren Zeiten, tun sie dies nun indirekt. Immer wenn ein Mensch im Schlaf – also bei seiner Astralreise in die geistige Welt – den Enthusiasmus mitbringt, mit dem er oder sie tagsüber gesprochen hat, immer wenn ein Mensch den Frieden mitbringt, den er oder sie tagsüber in seinen oder ihren Worten Niederschlag finden ließ, wird in diesen Momenten dieses Geschenk von den Erzengeln dankbar angenommen. Umgekehrt jedoch inspirieren, stärken und ermuntern sie dann diesen Menschen dazu, auch weiterhin eine Sprache des Friedens, des Vertrauens und der Liebe zu schaffen. Die Inspiration ist folglich die Antwort der Erzengel auf diese 'geistige Nahrung', die wir für sie mitbringen. Nehmen wir diese nicht mit in den Schlaf, kann von den Erzengeln auch keine Inspiration kommen. Wo dies schon geschieht, kommt der Mensch aus dem Schlaf mit einer gestärkten Fähigkeit zurück, um seine Worte in inspirierende und heilsame Worte umzuwandeln. Was früher ganz direkt geschah, dass nämlich die Erzengel unsere Sprache hüteten, geschieht jetzt indirekt über jeden Menschen, der in seine Sprache Liebe, Dankbarkeit, Weisheit und Frieden einflicht. Es hängt folglich von jedem Einzelnen ab, wie unsere Sprache sich weiterentwickeln wird.

Die Erzengel waren früher stets die Lenker eines Volkes. Jeder Erzengel führte ein bestimmtes Volk an und inspirierte es mit seinen spezifischen Engelkräften. Hinter der ganz persönlichen Inspiration jedes einzelnen Volkes lag die Erkenntnis, dass es einen ganz eigenen, ganz einzigartigen Beitrag zum gesamten menschlichen Leben auf Erden zu leisten hatte. Man könnte das Leben der verschiedenen Völker auf Erden mit einem Orchester vergleichen, wobei jedes Instrument seinen eigenen Beitrag zu dem Musikstück liefert, das gerade gespielt wird. Wenn jedoch ein Instrument falsch klingt, wird dadurch das gesamte Musikstück verdorben. Die Erzengel trugen also in der Vergangenheit Sorge dafür, dass jedes Volk seinen eigenen Beitrag zum Heil des menschlichen Lebens auf Erden in der richtigen Tonart oder der richtigen Schwingung verwirklichte.

Um dies zu erreichen, arbeiteten die Erzengel in früheren Zeiten oft mit den Führern eines Volkes zusammen, mit dem König, dem Kaiser, dem Stammesältesten oder wer auch immer sonst an seiner Spitze stand. Die Volksführer waren früher – in vorchristlicher Zeit – stets Eingeweihte. Sie standen dadurch in direktem (hellsichtigem und/oder hellwissendem) Kontakt mit dem Erzengel. Der Führer oder Anführer des Volkes kannte durch diesen direkten Kontakt den besonderen Auftrag seines Volkes und konnte das Volk aus diesem Wissen und aus dieser Einsicht heraus führen, genau so wie der Erzengel dies beabsichtigte. Doch die Zeiten dieser indirekten Führung durch den Erzengel über den Volksführer sind lange vorbei, schon seit Beginn der neuen Zeitrechnung. Heute haben die Erzengel aufgehört, bestimmte Völker zu führen und ihnen zu helfen, ihren eigenen Beitrag zum Leben der Menschen auf Erden zu leisten. Wie kommt das eigentlich?

Es hängt mit der Tatsache zusammen, dass die Menschheit derzeit eine ganz besondere Entwicklung durchläuft. Man könnte auch davon sprechen, dass alle alten Grenzen und Beschränkungen aufgebrochen werden. Die Menschheit steht an der Schwelle zu einem Zeitalter, in dem wir nicht mehr länger in verschiedenen Nationalitäten denken, sondern lernen werden, vom Blickwinkel der vereinten Menschheit aus zu denken. Wir werden nicht länger Gewicht auf die Tatsache legen, dass wir Holländer oder Amerikaner oder Deutsche sind – nein, wir werden uns mehr und mehr bewusst werden, dass wir vor allem Weltbürger sind. Wir machen also eine Entwicklung von der Trennung und Uneinigkeit zur Einheit durch. Daher strömen auch so viele Menschen aus anderen Kulturen in fremde Länder ein. Man kann in unserer Zeit auf der einen Seite einen Moslem zum Nachbarn haben und auf der anderen Seite einen Hindu. Alle Religionen, Hautfarben und alle Nationalitäten wurden gleichsam unsanft durcheinander gewirbelt, um so die Entwicklung zur vereinten Menschheit möglich zu machen. Daher sind die Erzengel in unserer heutigen Zeit nicht länger Volksführer. Ihre Aufgabe ist im Wandel begriffen, denn nun werden die Erzengel mehr und mehr zu Führern bestimmter Bevölkerungsgruppen auf der ganzen Welt. So ist in der heutigen Zeit der Erzengel Michael der inspirierende Mentor aller Menschen, die einen Beitrag zum großen Bewusstwerdungsprozess in diesem Zeitalter leisten möchten.

In der Bibel wird erzählt, dass es sieben Erzengel gibt. Vier von ihnen werden in der Bibel oder in den Apokryphen namentlich genannt: Michael, Raphael, Gabriel und Auriel.

MICHAEL
Sein Name bedeutet „Wer ist wie Gott?". Er beschirmt und beschützt den göttlichen Funken, das "Höhere Selbst" oder das "Ich" in uns. Er wird stets als Kämpfer abgebildet. Das symbolisiert unseren persönlichen Kampf darum, den göttlichen Kern, die göttliche Geisteskraft in uns, gegen alle Anfechtungen durch das Ego zu verteidigen. Gerade weil wir uns in der heutigen Zeit unseres göttlichen Kerns bewusst werden und einen ersten Schritt auf den Pfad tun dürfen, um mehr und mehr dazu überzugehen, aus dem göttlichen Licht anstatt aus den Kräften des Egos heraus zu leben, ist Michael zum Schutzpatron aller Menschen geworden, die sich innerlich dieser großen Aufgabe widmen möchten.

RAPHAEL
Sein Name bedeutet „Gott heilt". Er ist der Schutzpatron aller Menschen, die eine Aufgabe als Heiler haben. Er ist also Patron aller Ärzte, Seelsorger, Krankenpfleger, Geistheiler, kurzum aller Menschen, die ihr Leben der Versorgung und der Heilung anderer widmen, sowohl der Heilung des Körpers als auch der Heilung der Seele. Raphael symbolisiert zugleich auch die Heilkraft, die wir in uns selbst finden können, in unserem göttlichen Kern, der

per definitionem immer heilend ist und Frieden, Heil, Vertrauen und Liebe birgt.

AURIEL

Sein Name bedeutet „Flamme Gottes". Er behütet in uns die Fähigkeit zur Inspiration, die Fähigkeit, aus der geistigen Welt inspiriert zu werden. Er steht in enger Verbindung zum Heiligen Geist, der Geisteskraft, die uns Menschen geschenkt wurde, um wirklich eins zu werden, eine lebendige Gemeinschaft, in der die Mitglieder einander tragen, beistehen und stützen. Überall, wo Menschen aus diesem Gedanken der Einswerdung heraus wirken, ist Auriel ihr Schutzpatron.

GABRIEL

Sein Name bedeutet „Gott ist allmächtig". Er hilft den Menschen, zu Hingabe und Vertrauen zu finden. Gabriel kündigt unsere zweite Geburt oder die Wiedergeburt des Göttlichen im Menschen an. Wer einmal diese Wiedergeburt erfahren durfte, hat wirklich Vertrauen und Hingabe gefunden. Die Engel der Wiedergeburt stehen daher auch in seinem Dienst, das heißt unter seinem inspirierenden Einfluss. In der Bibel wird Gabriel als der Engel erwähnt, der die Geburt von Johannes dem Täufer und von Jesus ankündigt. Er ist daher auch der Erzengel, der unsere erste Geburt begleitet und uns hilft, uns zu inkarnieren und zu erden, uns also auf Erden wirklich zurechtzufinden.

Die sieben Erzengel stehen laut alten Überlieferungen auch mit den sieben Planeten in Beziehung. Wer etwas von Astrologie versteht, lernt aufgrund dieses Zusammenhangs auch etwas über das Wesen der verschiedenen Erzengel. Aus dem Mittelalter sind uns diverse Listen mit den Namen der sieben Erzengel bekannt. Auf diesen Listen sind die Namen der Erzengel nicht immer identisch; denn es gibt dabei einige Variationen. Eine solche Liste stammt von Trithemius von Sponheim, einem Abt aus Sponheim in Deutschland. Er veröffentlichte diese Liste 1522. Darin gibt er auch an, mit welchem Planeten der jeweilige Erzengel in Beziehung steht; denn Planeten sind lebendige Wesen, und die Erzengel sind jeweils der

Geist eines Planeten. Man kann es auch anders formulieren und die Erzengel als „inspirierende Geister" bezeichnen. Jeder von ihnen wählte einen Planeten aus, um von dort aus auf das menschlich-kulturelle Geschehen auf Erden einzuwirken.[17] Die Liste von Trithemius sieht folgendermaßen aus:

Orifiel	–	Saturn	Samuel	–	Mars
Haniel	–	Venus	Gabriel	–	Mond
Zachariel	–	Jupiter	Michael	–	Sonne
Raphael	–	Merkur			

Wer diese Liste sorgfältig betrachtet, erkennt, dass Auriel auf dieser Liste fehlt. Wahrscheinlich ist er mit Orifiel identisch.[18]

Über die Gruppe der vier Erzengel, die ich oben bereits beschrieb, nämlich Auriel, Raphael, Gabriel und Michael, gibt es noch viel mehr zu erzählen. So stehen sie alle vier mit einem der vier Wesensteile in Beziehung, aus welchen ein Mensch besteht. Damit sind der physische Leib, der Ätherleib, der Astralleib und das Ich gemeint.[19] Darüber hinaus sind sie auch mit jeweils einer der Jahreszeiten und einer der vier Windrichtungen verbunden. Wenn man über die Verknüpfungen zwischen all diesen Dingen nachdenkt, bekommt man ein stärkeres Gefühl für das Wesen jedes dieser vier Elemente. Traditionell sind uns folgende Beziehungen überliefert:

Auriel	physischer Leib	Norden	Sommer
Raphael	Ätherleib	Westen	Frühling
Gabriel	Astralleib	Süden	Winter
Michael	Höheres Ich	Osten	Herbst

Welche Möglichkeiten es gibt, anhand dieser verschiedenen Beziehungen Dinge frei zu verbinden, kann man an folgendem Beispiel erkennen: Raphael ist der große Heiler. Er steht daher auch in Beziehung mit unserem Ätherleib, den man auch mit dem Wort „Prana" umschreiben könnte, wie wir es aus der östlichen Tradition kennen, oder mit dem „Odem Gottes", wie dies in der biblischen Tradition der Fall ist.[20] Der Ätherleib durchströmt unseren physischen Leib mit den göttlichen Kräften oder Energien, die unser Körper braucht, um hier auf Erden leben zu können. Es ist daher verständlich, dass der Heiler Raphael mit diesen göttlichen Energien oder mit dem Ätherleib in Beziehung steht. Außerdem ist er mit dem Frühling, der Jahreszeit der aufkeimenden Naturkräfte, verbunden. Raphael ruft folglich in uns die Keimkräfte wach, die uns die Heilung bringen können. Schließlich ist er mit dem Westen verbunden, mit der Stille und Ruhe, die die hereinbrechende Nacht uns bringt. Er hilft uns also, loszulassen und bei uns selbst zu bleiben – und dies ist eine Grundvoraussetzung für die Heilung.

Michael steht in Bezug zu unserem Höheren Ich, zum göttlichen Funken des Höheren Selbst in uns. Er ruft das Ich in uns wach und schützt es vor allen möglichen Angriffen, vor Angriffen, die von innen kommen, von unserem Ego. Michael steht auch in Zusammenhang mit dem Osten, also der Morgendämmerung, dem erwachenden Licht. Dies ist verständlich, denn beim Erwachen unseres eigentlichen Ichs beginnt das göttliche Licht in unserem eigenen Leben zu scheinen. Wenn das eigentliche Ich in uns erwacht, geht die Sonne in unserem Leben auf. Michael steht auch in Verbindung mit dem Herbst, der Zeit der Auflösung, des Sterbens in der Natur. Auch das ist verständlich, denn unser Ego muss sterben, damit das göttliche Ich in uns geboren werden kann. Daher wird auch erzählt, dass Michael uns durch eine Zeit der chaotischen Veränderungen geleitet, dass er die Auflösung alter Verhärtungen in uns bewirkt, um Raum für das Neue zu schaffen – für das göttliche Ich, das in uns geboren werden will.

Es lässt sich anhand dieser freien Assoziationen leicht erkennen, dass es hierbei nicht um eine wörtliche Wiedergabe geht, die es auswendig zu lernen gilt, sondern darum, ein Gefühl für das Wesen der verschiedenen Erzengel zu entwickeln und sich auf spielerische Weise damit vertraut zu machen.

In diesem Zusammenhang will ich noch auf etwas eingehen, das mich selbst stark bewegt. Auriel, dessen Name „Flamme Gottes" bedeutet, steht in Beziehung zum Feuer. Er ist oder symbolisiert das Feuer. Nun ist das Feuer auch ein Symbol des Heiligen Geistes. Daher wird auch berichtet, dass, als die Jünger Jesu zu Pfingsten den Heiligen Geist empfingen, „Zungen wie von Feuer" auf ihren Häuptern sichtbar waren.[21] Das Feuer ist also das sichtbare Zeichen des Heiligen Geistes, und daher ist verständlich, dass Auriel mit dem Feuer und dem Heiligen Geist verbunden ist. Unser Höheres Ich, der göttliche Funke oder Geist in uns, ist also ein Teil des Heiligen Geistes und wird durch den Heiligen Geist ins Leben gerufen.

Was hatte es nun früher sowohl mit dem Geist in uns als auch mit Auriel auf sich? Sie sind beide im Lauf der kirchlichen Tradition 'ausradiert' worden. Offensichtlich musste alles, was an den Heiligen Geist erinnerte und ihn symbolisierte, das Feld räumen. Bei Auriel ging das so: Im Jahr 746 wurde auf dem Konzil von Rom beschlossen, dass es nur drei Erzengel gäbe und alle anderen Namen von Erzengeln, die genannt wurden, nicht echt seien und daher ausgemerzt werden müssten. Unter den Namen, die getilgt wurden, war auch der Name Auriels. Er verschwand folglich nicht nur aus der Liste der sieben Erzengel, sondern auch aus der bekannten Liste der vier Erzengel. Von den vier Engeln blieben also nur Michael, Gabriel und Raphael übrig. Viel hat dieser Konzilsbeschluss glücklicherweise nicht geholfen, denn der Name Auriel wirkte auf verschiedene Weise weiter, besonders auch in der Wappen- und Ikonenkunst, den „Lehr- und Druckbüchern" aus einer Zeit, in der die Menschen noch weitgehend Analphabeten waren.

Doch nicht nur Auriel musste das Feld räumen, auch der Heilige Geist selbst, dessen Symbol er war. Wie ging das vonstatten? Um dies zu verstehen, muss man beachten, dass der Mensch gemäß biblischer Tradition aus einem Körper, einer Seele und einem Geist besteht. Besonders Paulus schreibt hierüber.[22] Mit der Seele meint Paulus unser Ich, mit dem Geist meint er den göttlichen Funken in uns. Doch nun wurde auf dem Konzil von Konstantinopel, im Jahr 869, verkündet, ein Mensch bestehe nur aus einem Körper und einer Seele, nicht mehr aus Körper, Seele *und* Geist. Auf diesem Konzil wurde also der Geist im Menschen gestrichen und der Mensch auf einen physischen Körper und ein Ego reduziert.

Man fragt sich, was dahinter stecken kann, wenn sowohl der Geist im Menschen als auch der Erzengel Auriel, der auf gewisse Weise das Symbol des Geistes ist, das Feld räumen muss. Dafür muss es auch einen besonderen Grund gegeben haben, vor allem, wenn man davon ausgeht, dass auf Erden nichts grundlos geschieht. Nun war es zur Zeit dieser beiden Konzile so, dass der Mensch gerade erst mit der Entwicklung seines eigenen Denkens begonnen hatte. Der Mensch lernte, sein verstandesmäßiges Denken einzusetzen. Auf dieser Entwicklung lag in der damaligen Zeit aller Nachdruck. Das neunte Jahrhundert war das Zeitalter, in dem die Menschen die kosmische Intelligenz in sich aufnehmen durften, um daraus das menschliche Denken oder die menschliche Intelligenz zu bilden. Daher konnte man auch in jener Zeit dem Geist keine Beachtung schenken, weil damals die gesamte innere Aufmerksamkeit des Menschen nur auf das Denken ausgerichtet war – und nicht auf den Geist. Dies könnte der Grund dafür gewesen sein, warum in jener Zeit sowohl Auriel als auch der Heilige Geist aus der kirchlichen Tradition verbannt wurden. Doch jetzt, in unserer heutigen Zeit, sind wir in unserer menschlichen Entwicklung ein Stück weiter. Unsere Zeit ist die Zeit, in der wir uns wieder der Tatsache bewusst werden können, dass wir im Grunde geistige, ja sogar göttliche Wesen sind. Denn dies ist die Zeit, in der – nach der Entwicklung unseres Denkens – unser Bewusstsein zur vollen Entfaltung und Entwicklung kommt. Daher heißt es auch in esoterischen Kreisen, dass wir nach der Epoche, in der die Verstandesseele entwickelt wurde, nun in der Epoche leben, in der die Bewusstseinsseele entwickelt wird. Dies alles bedeutet natürlich, dass es für unsere Zeit von Bedeutung ist, dass wir uns wieder des Wirkens von Auriel und des göttlichen Geistes in uns bewusst werden. Dass wir uns wieder bewusst werden, dass wir nicht allein einen Körper (bestehend aus physischem Leib und Ätherleib) und eine Seele (sagen wir Astralleib oder Ego) haben, sondern dass wir ganz tief im Innern auch den Geist oder das Höhere Ich in uns tragen.

Die Urkräfte (Fürstentümer)

Die Urkräfte sind der dritte und höchste Engelchor der dritten Hierarchie. Sie stehen demnach über den Engeln und Erzengeln. Sie arbeiten weder mit Individuen noch mit Völkern, sondern an, für und mit der ganzen Menschheit, der ganzen Erde und allen Wesen, die sie bevölkern. Sie werden auch die „Zeitgeister" genannt", weil sie den Rhythmus der Zeit bestimmen. Sie sorgen dafür, dass der Menschheit genau die Eingebungen und die Energien zuströmen, die diese im jeweiligen Augenblick ihrer Entwicklung benötigt, um wachsen und sich weiter entwickeln zu können.

Weil dies ein unsichtbarer Vorgang ist, ist dies für viele Menschen etwas Unbegreifliches. Wir haben nun einmal die Neigung, Dinge, die wir nicht sehen und nicht erklären können, als Unsinn zu verwerfen. Doch wenn wir einmal bei den Sechziger Jahren des vergangenen Jahrhunderts verweilen, können wir vielleicht besser verstehen, was das stille, jedoch so entscheidende Wirken der Urkräfte eigentlich beinhaltet. In den Sechziger Jahren geschah völlig unerwartet etwas, wodurch das gesellschaftliche Zusammenleben in vielen Ländern auf den Kopf gestellt wurde. Es gab in verschiedenen Ländern Studentenaufstände, für die keinerlei Anlass zu bestehen schien. Es wurde manch eine Autorität von ihrem Lehrstuhl gezerrt und als Mensch demaskiert, die nur rein äußerlich Macht hatte, jedoch nicht über innere Überzeugungskraft verfügte. Das war in der Tat ein ganz neues Phänomen in jenen Tagen, denn bis dahin hatten die Menschen in einer tief verwurzelten Ehrfurcht gegenüber Autoritäten gelebt. Auch traten in jenen Tagen Provokateure ins Licht der Öffentlichkeit, die mit Aktionen auf spielerische Weise so manche festgefahrene Denkweise lächerlich machten. Es kam eine neue sexuelle Freiheit auf, und es fanden Besetzungen von Universitäten statt. In Holland wurde eine neue politische Partei gegründet, die für mehr Demokratie plädierte. Die Theaterwelt stand Kopf, und auch dort wurde die gefestigte Ordnung vom Thron gestoßen.

Wir konnten in den nachfolgenden Jahren feststellen, wie seit jener Zeit, aufgrund all der chaotischen Ereignisse, eine andere

Form von Zusammenleben entstand und die Menschen sich veränderten. Autoritäten wurden nur dann als solche akzeptiert, wenn sie auch über echte Autorität von innen heraus verfügten. In den Sechzigern stieg auch das Interesse an der Umwelt, und die Umweltbewegung hat ihre Wurzeln in jenen Jahren.

    Zurückblickend kann man sich auch fragen, woher denn dieser plötzliche Impuls kam, um all die alten Traditionen über den Haufen zu werfen und in Frage zu stellen. Es gab keinerlei direkten Anlass. Es schien wie ein Naturphänomen, das sich nicht erklären ließ, das man jedoch hinzunehmen hatte. Die Bewegungen, die in jenen Jahren entstanden, wirken noch immer nach. Der Ruf nach mehr Demokratie ist geblieben. Der Widerstand gegen die Vernichtung der Natur und die Erde durch unser egoistisches Handeln wächst immer noch. Die Menschen sind noch immer damit beschäftigt, sich ihrer Mündigkeit bewusst zu werden. Der Ruf nach Gleichberechtigung der Menschen wird stets lauter.

    Wir können dieses Phänomen der Sechziger nicht mit unseren gewohnten menschlichen Forschungsmethoden erklären, so sehr wir uns auch darum bemühen. Es bleibt etwas Geheimnisvolles an diesem plötzlichen Durchbruch in jenen Jahren. Ein Durchbruch, der den Menschen erneut Hoffnung gab und Enthusiasmus schenkte. Noch immer gibt es viele, die diese Jahre ganz bewusst miterlebt haben und noch heute in tiefer Sehnsucht nach jenen Jahren leben. Damals ereignete sich etwas, damals standen die Menschen auf. Damals wuchs die Hoffnung auf ein Zusammenleben in Frieden. Damals hatten die Menschen das Gefühl, dass jeder Einzelne zählte, dass jeder etwas beitrug. Es war kein Raum für Zynismus, wie so viele Menschen dies in unserer Zeit kennen. Nein, es war eine Zeit der Hoffnung und der Erwartung.

    Dieser plötzliche Durchbruch und die damit einhergehenden Veränderungen lassen sich allein dadurch erklären, dass die Urkräfte in jener Zeit für andere, neue Energien und Inspirationen sorgten. Die Menschen wurden durch diese Eingebungen unbewusst so stark angeregt, dass sie nicht umhin konnten, als dem innerlich Gehör zu schenken, was ihnen durch Inspirationen eingegeben wurde. So konnte die Menschheit in ihrem Wachstumsprozess wieder einen Schritt nach vorne machen.

Dieses Beispiel aus den Sechziger Jahren des vorigen Jahrhunderts ist nur eines von vielen, doch daran können wir vielleicht erkennen, was das Wirken der Urkräfte umfasst. Wenn man beispielsweise einmal die Tatsache berücksichtigt, dass wir heute im Begriff sind zu lernen, über uns selbst nachzudenken und dabei die Erkenntnisse der Psychologie anzuwenden, um uns selbst besser zu verstehen, stellt man auch hier eine neue Entwicklung fest. Wenn man die Emanzipation der Frau betrachtet,, erkennt man auch hier eine Entwicklung, die ganz neuartig ist, die in der Tat eine richtige Revolution unseres gesellschaftlichen Lebens darstellt. Alle diese Entwicklungen kommen nicht aus heiterem Himmel, sondern sind die Folge von Energien, die die Urkräfte zu uns senden und womit sie uns inspirieren. Obwohl es also nicht direkt sichtbar ist, hat das Wirken der Urkräfte durchaus große Auswirkungen auf uns, deren sich niemand entziehen kann; denn wir sind alle Kinder unserer Zeit.

Zusammenfassend kann man also feststellen, dass alle großen Wendungen in unserer Menschheitsgeschichte und alle Impulse, die uns Menschen auf dem Pfad der Evolution weiterhelfen, den Energien zu verdanken sind, die die Urkräfte uns zusenden. Daher werden sie auch die „Geister der Zeiten" genannt, weil sie den Rhythmus der Zeit und die Entwicklung des Menschen im Verlauf der Zeit bestimmen.

Die Engel der zweiten Hierarchie

Die Engel der zweiten Triade umfassen die Gewalten, die Kräfte und die Herrschaften. Sie sind ehrfurchtgebietende Wesen, die wir uns nicht vorstellen können. Sie übersteigen unsere menschlichen Vorstellungskräfte bei weitem. Sie sind so mächtig, dass kein Mensch imstande wäre, ihren Anblick zu ertragen – wir würden daran sterben. Die Engel der zweiten Hierarchie sind am Ausbau und an der Erhaltung des Kosmos beteiligt, um es mit einfachen menschlichen Worten zu sagen. Auch der Kosmos ist fortwährend in Bewegung, wächst und entwickelt sich. Es ist auch die Aufgabe und Mission der Engel der zweiten Hierarchie, diesen Prozess zu behüten und zu begleiten. Dabei haben die drei verschiedenen Engelchöre der zweiten Triade jeweils einen eigenen Auftrag und leisten ihren eigenen Beitrag zu diesem Prozess.

Die Gewalten

Die Gewalten geben allem, was entsteht, eine ganz individuelle, einzigartige Form. Denn alles, was entsteht, nicht nur Menschen, Tiere und Pflanzen, sondern auch geistige Wesen, hat eine Form. Die individuelle Form ist dergestalt, dass jedes Wesen durch seine persönliche Gestalt in der Lage ist, sein eigenes Wesen zum Ausdruck zu bringen. Es erhält gewissermaßen eine Form nach Maß. Die Formen entwickeln sich auch ständig weiter und verändern sich gleichzeitig mit dem Wachstum des jeweiligen Wesens. Auch die Gestalt eines menschlichen Körpers unterliegt einem fortwährenden Wachstum und einer ständigen Weiterentwicklung. Die Gewalten geben also allem, was entsteht, nicht nur eine eigene Form, sondern behüten auch die weitere Entwicklung dieser Form. Dabei sind alle Formen perfekt aufeinander abgestimmt. Es besteht ein enger Zusammenhang zwischen allen Formen, denn jedes Wesen erhält eine Gestalt, die sich sinnvoll in das große Gesamtbild des Kosmos einfügt. Die Gewalten sind also imstande, den Überblick über die Zusammenhänge im gesamten Kosmos zu wahren.

Dabei sind die Gewalten schöpferische Wesen. Sie erzeugen die verschiedenen Formen gleichsam aus ihrem eigenen Wesen, bringen sie aus sich selbst hervor. Sie trennen sie gleichsam von sich selbst ab. Um dieses Geschehen einigermaßen erfassen zu können, kann man sich eine Schnecke vorstellen, die in einem bestimmten Moment ihr eigenes Schneckenhaus loslässt und ohne es weiterkriecht. Dann hat diese Schnecke gleichsam aus sich selbst heraus dieses Schneckenhaus hervorgebracht, das nun losgelöst von der Schnecke weiter fortbesteht. So erschaffen die Gewalten alle Formen aus ihrem eigenen Wesen heraus. Die Gewalten werden begreiflicherweise auch als „Geister der Form" bezeichnet.

Die Mächte

Die Mächte sind die Engel, die allem, was im Kosmos neu entsteht, einen ganz individuellen Bewegungsrhythmus mitgeben. Darüber hinaus behüten und begleiten sie die weitere Entwicklung dieses Rhythmus in jedem Wesen. Alles Lebendige weist einen eigenen Rhythmus auf, ein individuelles Bewegungsmuster und einen individuellen Transformationszyklus; denn alles im Kosmos unterliegt fortwährendem Wachstum und folglich auch ständiger Transformation. Die verschiedenen Bewegungen sind so aufeinander abgestimmt, dass sie zusammen immer ein sinnvolles Muster bilden. Denken wir an die Planeten, deren Bewegungen so aufeinander abgestimmt sind, dass der Astrologe daran allerlei Einflüsse auf den Menschen ablesen kann. Die Einflüsse sind wiederum so aufeinander abgestimmt, dass sie das Entwicklungs- bzw. Evolutionsmuster des Menschen fördern und nicht behindern. Dies gilt sowohl für die Menschheit in ihrer Gesamtheit als auch für jedes Individuum. Astrologie und das Erstellen von Horoskopen sind folglich im Wesentlichen das Ablesen der Weisheit, mit der die Mächte ihr Werk verrichten. Auch für die Mächte gilt, dass sie den Bewegungsrhythmus aus ihrem eigenen Wesen hervorbringen, ihn sozusagen gebären; denn auch die Kräfte sind schöpferische Wesen. Die Mächte werden auch „Geister der Bewegung" genannt.

Die Herrschaften

Die Herrschaften geben allem, was entsteht, einen Plan von Weisheit mit. Denn alles ist mit großer Weisheit zusammengestellt und entwickelt worden. Um dies annähernd begreifen zu können, wollen wir den menschlichen Körper betrachten. Im Verhältnis zum gesamten Kosmos ist ein einziger menschlicher Körper unendlich klein und nichtig. Kleiner als ein Sandkorn. Doch jeder Körper ist mit unglaublicher Weisheit zusammengestellt. Wir können damit laufen, denken, schauen, sprechen, handeln, schweigen und noch vieles mehr. Die medizinische Wissenschaft hat erst Bruchstücke der Weisheit entdeckt, mit der unser Körper zusammengestellt ist. Bei weitem der größte Teil dieser Weisheit ist ihr noch verborgen. Wenn man einen Augenblick lang über all das nachdenkt, wozu ein menschlicher Körper imstande ist, dann beginnt man sich zu wundern. Ebenso sehr wie man sich über die Zielsicherheit wundert, mit der Zugvögel ihren Weg ans andere Ende der Erde finden, oder über die Art und Weise, in der sie miteinander kommunizieren. Wenn man über all diese Wunder im Stillen nachdenkt, liest man gleichsam im *Buch der Herrschaften* und wundert sich über alles, was sie in ihrer Schöpferkraft bewirken.

Die Herrschaften werden auch „Geister der Weisheit" genannt. Die Weisheit von Milliarden Jahren der Entwicklung ist im Kosmos zusammengeballt. Wenn man dies voller Staunen erfasst, bekommt man vielleicht ein besseres Gefühl für die Größe und Schönheit ihres Wesens. Wir können ihr Wesen mit unserem Vorstellungsvermögen erfassen, weil unser menschliches Denkvermögen dafür zu eingeschränkt ist. Vielmehr geht es darum, etwas von der Größe ihres Wesens zu erspüren und in unserem Herzen eine tiefe Ehrfurcht und Bewunderung ihnen gegenüber entstehen zu lassen.

Die Engel der ersten Hierarchie

Was für die Engel der zweiten Triade gilt, gilt in noch stärkerem Maß für die Engel der ersten Hierarchie, dass wir es nämlich mit solch großen, unvorstellbar mächtigen, schöpferischen kosmischen Wesen zu tun haben, dass es uns mit unserem eingeschränkten menschlichen Denken und unserem begrenzten Einfühlungsvermögen nicht möglich ist, ihrem göttlichen Wesen mit unseren Worten und Bildern gerecht zu werden. Als göttlich können diese Engel mit Sicherheit bezeichnet werden; denn in ihrem Wesen fließt die volle göttliche Schöpferkraft. Gerade weil die göttliche Schöpferkraft so vollkommen durch sie hindurchströmt, sind sie für das menschliche Auge und das menschliche Denken „Gott gleich".

Aufgrund dessen ist es wichtig zu erkennen, dass wir ihr Wesen nicht ausreichend beschreiben können und unsere Worte, die ihnen gelten, nur eine bescheidene Andeutung dessen sein können, was sie eigentlich sind. In späteren Inkarnationen, wenn wir mehr Einblick in die geistige Welt erhalten werden, sind wir vielleicht imstande, etwas mehr über die Engel der ersten Hierarchie zu sagen. Derzeit bleibt unsere Beschreibung von ihnen mangelhaft.

Um etwas von ihrer Wirkkraft spüren zu können, müssen wir ein Bild zu Hilfe nehmen. Man stelle sich das göttliche Wesen als Quelle vor, aus der schöpferische kosmische Energie strömt. Man stelle sich vor, wie diese Energie, die aus dieser Quelle fließt, den ganzen Kosmos erfüllt und belebt. Man stelle sich vor, wie die Energie in den ganzen Kosmos hinausströmt, alles berührt, umhüllt und mit Lebenskraft beseelt. Man stelle sich weiter vor, wie rings um diese Quelle herum drei Lichtwesen stehen, ein Seraphim, ein Cherubim und ein Thron-Wesen – drei Stellvertreter der drei verschiedenen Engelchöre, die gemeinsam die Engel der ersten Triade bilden. Man stelle sich nun vor, wie diese drei Engel die kosmische göttliche Energie, die aus dieser Quelle fließt, in ihrem eigenen Wesen aufnehmen. Dort, in ihrem eigenen Wesen, wandeln sie die kosmische Energie in einen bestimmten Baustoff des Weltalls um, jeder Engel auf seine eigene, ganz individuelle Weise. Der Seraphim formt aus der kosmischen Energie den Baustoff der Liebe. Der Cherubim formt aus der kosmischen Energie den Baustoff der Harmonie und das Thron-Wesen den Baustoff der Willenskraft.

In diesem Bild können wir etwas von der schöpferischen und transformativen Kraft der Engel der ersten Hierarchie erahnen. Schematisch können wir es so darstellen:

Die Throne bilden den Baustoff des Willens;
die Cherubim formen den Baustoff für Harmonie und Weisheit;
die Seraphim erschaffen den Baustoff der Liebe.

Die Engel der zweiten Triade machen dankbar Gebrauch von diesen Baustoffen, aus welchen der Kosmos aufgebaut und aufrechterhalten werden kann. Alles, was im Kosmos lebt, wird mit diesen drei Baustoffen beseelt – mit der Willenskraft, mit dem Gefühl für Harmonie und Weisheit und mit Liebe. Von diesen Bausteinen ist die Liebe der höchste und maßgeblichste. Die Liebe müssen wir uns hier auf Erden noch zu Eigen machen. Wir stehen erst am Anfang des langen Weges, auf dem das höchste Bauelement des Kosmos mit der Zeit auch die Erde und die Menschen durchdringen wird. Doch es ist sicher, dass das geschehen wird. Der göttliche Plan ist ja ganz und gar darauf ausgerichtet, dass der gesamte Kosmos in allen seinen Teilen letztendlich auf die höchste Schwingungsebene, die Schwingungsebene der Liebe, emporgehoben wird. Darum werden die Menschen auf dem langen Weg der Evolution auf Erden Schritt für Schritt auf die höchste Schwingungsstufe angehoben. Dann werden wir ganz im Herzen der allerhöchsten Engel, der Seraphim, leben.

Die zehnte Hierarchie

Wir Menschen sind in der heutigen Zeit gerade im Begriff, Schritt für Schritt, immer bewusster unseren Platz im kosmischen System einzunehmen. Wir beginnen, uns endlich bewusst zu werden, dass wir auf der Engelsleiter den Rang der *zehnten Hierarchie* einnehmen und somit ein Glied der großen, alle Welten umfassenden kosmischen Gemeinschaft sind. Wir hatten schon immer einen Platz in diesem kosmischen System. Wir waren schon immer in diese kosmische Ordnung „eingebettet". Doch wir waren uns dessen kaum oder nicht bewusst. Das Bewusstsein dafür beginnt in unserer Zeit erst ganz langsam zu wachsen. Die zunehmende Hinwendung zur Engelwelt in unserer Zeit ist ein Hinweis darauf, dass wir nun im Begriff stehen, zum Bewusstsein zu erwachen, dass wir, ebenso wie die Engel, kosmische Wesen und daher mit den Engeln eng verwandt sind.

Doch auf welche Weise sind wir denn mit den Engeln verwandt? Inwieweit können wir sagen, dass die Engel unsere älteren Brüder und Schwestern in der kosmischen Ordnung sind? Welches sind die Gemeinsamkeiten und welches die Unterschiede zwischen den Menschen und den Engeln? Um dies deutlich zu machen, werde ich in diesem Kapitel einiges über die Zusammensetzung des Menschen im Verlauf der verschiedenen Phasen darlegen, die der Planet Erde während des langen Lebens durchlaufen hat, das er inzwischen hinter sich hat, sowie über zukünftige Entwicklungen des Menschen. Wie wird der Mensch auf dem Weg der Evolution weiter wachsen.

Die esoterische Tradition hat über die Jahrhunderte hinweg die Einsichten über all dies sorgfältig bewahrt und im Geheimen weitergegeben.[23)] In unserer Zeit tritt dieses Wissen ans Licht und wird für jeden frei zugänglich, der daran interessiert ist. Heute darf dieses Wissen ohne Beschränkungen offenbart werden. Dies ist sogar unerlässlich, denn nur so erhalten wir Einblick, in welchem Maß wir Menschen kosmische Wesen und inwiefern wir mit den Engeln verwandt sind.

Der Planet Erde ist im Verlauf seines langen Lebens durch verschiedene Phasen gegangen. Die verschiedenen Phasen werden auch die verschiedenen „Verkörperungen" der Erde genannt. Genau wie ein Mensch, ist auch die Erde ein lebendes Wesen. Wie ein Mensch mehrere Inkarnationen kennt, kennt auch die Erde mehrere Verkörperungen. Dabei gibt es bisher vier Phasen der Verkörperung. Wenn ich diese beschreibe, wiederhole ich in gewissem Sinn zum Teil das, was ich bereits in einem vorangegangenen Kapitel über die Entwicklung der Menschheit und die vier großen Entwicklungsstufen dargelegt habe, die die Menschheit im Zug ihrer Evolution durchlaufen hat: Das Goldene Zeitalter, das Silberne Zeitalter, das Bronzene Zeitalter und das Eiserne Zeitalter. Die verschiedenen Verkörperungen der Erde verlaufen parallel zu diesen vier Zeitaltern. Die verschiedenen Verkörperungsstufen, die die Erde bislang durchlaufen hat, sind folgende:

- Das einstige Zeitalter des Saturn. Diese Verkörperungsstufe der Erde war die Ära, in der der Mensch erstmals in einem physischen Körper auf der Erde inkarnierte. Dabei müssen wir jedoch bedenken, dass dieser damalige physische Leib des Menschen noch ganz anders aussah als heute. Damals war er in jeder Hinsicht noch ein geistiger Körper. Er besaß noch keinerlei Stabilität, war noch nicht verdichtet und noch nicht zu Materie geworden. Außerdem hatte der Mensch noch eine sehr lose Bindung zu diesem Körper. Er lebte eigentlich außerhalb dieses Körpers. Alle anderen Wesensglieder des Menschen, sein Ätherleib, sein Astralleib und der Göttliche Funken, hatten noch nicht Einzug in diesen Körper gehalten und waren noch nicht mit ihm vereinigt. Sie schwebten unverbunden in der geistigen Welt und waren nur durch die Silberschnur mit diesem Körper verbunden.[24)]

Um dies etwas besser zu verstehen, können wir uns ein neugeborenes Kind vorstellen. Ein neugeborenes Kind ist zwar in einen Körper auf Erden hineingeboren, kann ihn aber trotzdem noch ziemlich leicht verlassen, um wieder in der geistigen Welt zu verweilen. Man kann dies an einem Kind gut beobachten. Man hält es beispielsweise auf dem Arm, man hat Kontakt zu ihm und spielt mit ihm. Dann, auf einmal, sieht man, wie das Baby von einem wegschaut und unbeweglich vor sich hinstarrt, als ob es in tiefer Trance sei. Der Kontakt, den man eben noch mit dem Kind hatte, ist dann abrupt abgebrochen. In diesem Moment ist das Kind aus seinem Körper ausgetreten und hat wieder die Verbindung mit der geistigen Welt gesucht, woher es kam. Genauso bemerkt man später, wie das Kind ebenso unerwartet wieder aus der Trance erwacht, den starren Blick ablegt und seine Augen wieder eine große Lebendigkeit annehmen. Dann ist das Kind wieder in seinen Körper zurückgekehrt. So erinnert ein kleines Baby uns in der ersten Lebensphase, während seiner Trance-Momente, wenn es also den Körper verlässt, an etwas, was in ferner Vergangenheit die Entwicklungsstufe aller Menschen war, da die Menschen in jener Zeit im Grunde noch außerhalb ihres Körpers lebten. Ein kleines Baby durchläuft gewissermaßen im Schnelldurchlauf die früheren Entwicklungsstufen, die die Menschheit im Prozess ihrer Evolution durchlaufen hat. Darum erinnert ein kleines Baby uns auch an die erste Phase der Ankunft des Menschen auf der Erde.

Der Mensch war übrigens nicht das einzige Lebewesen im Zeitalter des Saturn. Die Wesen, die wir jetzt als Engel, Erzengel und Urkräfte bezeichnen, lebten damals auch dort. Im Grunde stellte der Mensch für die Engel das dar, was die Mineralien auf Erden jetzt für den Menschen sind. Der physische Leib des Menschen schien in jener Zeit wie unbeseelt und versteinert zu sein. Dies leuchtet ein, denn der Ätherleib, der Astralleib und das Ich waren in jener Zeit ja noch nicht in den physischen Leib des Menschen eingezogen. Daher erschien der Körper auch leblos. Die Engel lebten im Zeitalter des Saturn auf einem Niveau, das mit den Pflanzen von heute vergleichbar ist. Die Erzengel lebten auf einem Niveau, das mit dem der Tiere unserer Zeit vergleichbar ist, und die

Urkräfte lebten in jenem Zeitalter auf einem Niveau, das mit dem des Menschen von heute vergleichbar ist. Wir sprechen, wohlgemerkt, von einem Planeten und einer Epoche, in der von Materie noch nicht die Rede war. Wir sprechen von einer Epoche, in der alle Lebewesen von geistiger Gestalt waren. Das Zeitalter des Saturn ist eine Evolutionsepoche, in der jegliche Gattung Lebewesen Schritt für Schritt in eine höhere Form hineinwuchs. Als nämlich das Zeitalter des Saturn in das der Sonne überging, hatten sich die Menschen auf das Niveau der heutigen Pflanzen fortentwickelt. Die Engel hatten das Stadium der Tiere von heute erreicht, die Erzengel befanden sich in einem dem heutigen Menschen vergleichbaren Stadium und die Urkräfte hatten sich zum Stadium von Engeln weiterentwickelt.

♦ Das einstige Zeitalter der Sonne. Während der zweiten Verkörperungsphase der Erde, die das Sonnen-Zeitalter genannt wird, kam der Ätherleib des Menschen aus der geistigen Welt auf die Erde herab und verband sich immer enger mit dem physischen Leib des Menschen. Der Astralleib des Menschen, vereinfacht gesagt unser Ego, blieb, zusammen mit dem Ich, dem göttlichen Kern des Menschen, noch außerhalb des Körpers und schwebte in der geistigen Welt. Der Ätherleib wird auch „Lebensleib" genannt. Er durchströmt unseren physischen Leib mit belebender kosmischer Energie. Daher ging die Menschheit vom Stadium der Mineralienwelt in das Stadium der Pflanzenwelt über; denn die Pflanzen und Bäume werden, anders als Mineralien, spürbar und sichtbar mit Lebenskraft durchströmt.

♦ Diese zweite Phase der Verkörperung der Erde ist vergleichbar mit dem Abschnitt, den ein Kind zwischen dem siebten und dreizehnten bzw. vierzehnten Lebensjahr erlebt. In unserem Zeitalter des beschleunigten Erwachsenwerdens ist beim Kind der zweite Lebensabschnitt sogar noch früher abgeschlossen, etwa um das zwölfte Lebensjahr. Um das zwölfte Lebensjahr herum findet beim Kind der Zahnwechsel statt, das sichtbare Anzeichen des

Übergangs, den es zu dieser Zeit durchlebt. In diesem zweiten Lebensabschnitt verbindet sich der Ätherleib des Kindes mit dem physischen Leib. Es entsteht eine enge Verknüpfung zwischen beiden.

◆ Das einstige Zeitalter des Mondes. In der dritten Phase der Verkörperung der Erde stieg der Astralleib des Menschen aus der geistigen Welt auf die Erde herab und verband sich mit dem physischen Leib. Damit ging der Mensch im Mond-Zeitalter vom Stadium der Pflanzen in das Stadium der Tiere über. Der Astralleib ist der Träger unserer Emotionen und Triebe. Diese flossen nun ein und erlaubten es dem Menschen, sich in ein höheres Stadium weiterzuentwickeln, das mit dem der Tiere von heute vergleichbar ist.

◆ Diese dritte Ära, das Mond-Zeitalter, ist mit der Pubertät eines Kindes vergleichbar, dem Lebensabschnitt, den ein Kind vom vierzehnten – oder zwölften, wie dies in unserer Zeit des verfrühten Erwachsenwerdens häufig vorkommt – bis zum einundzwanzigsten Lebensjahr durchlebt. In der Pubertät erwachen die Triebe des Körpers, die Sexualität erwacht. Doch auch die Kräfte der eigenen Persönlichkeit entfalten sich. Das Kind löst sich mehr und mehr von den Eltern. Es beginnt, seine eigene Persönlichkeit zu entdecken und macht sie sich zu Eigen, indem es immer wieder fällt und aufsteht. Das bedeutet, dass ein Kind auch durch ein Gefühl von Einsamkeit geht. Das Band zu den Eltern wird loser, die beschützende Sicherheit fällt weg, und das Kind muss lernen, aus eigener Kraft zu leben. In diesem Lebensabschnitt beginnt der Astralleib sich nun auch mit dem physischen Leib und dem Ätherleib zu verbinden. Das Kind fängt an, von den Kräften des Astralleibes Besitz zu ergreifen.

Dieses Beispiel verdeutlicht ein wenig, wie im Mond-Zeitalter der Astralleib aus der geistigen Welt herabstieg und sich mit dem physischen Leib des Menschen zu verbinden begann. Nun war der Mensch ein Wesen geworden, das auf Erden aus drei Wesenselementen bestand – dem physischen Leib, dem Ätherleib und dem Astralleib.

Nicht nur der Mensch entwickelte sich im Mond-Zeitalter zu einer höheren Lebensform, auch die anderen Lebewesen, die die Erde bevölkerten, taten dies. Die heutigen Engel wuchsen auf ein menschliches Niveau heran, die Erzengel auf das Niveau der Engel, die Urkräfte nahmen das Niveau der Erzengel ein. Neben diesem Einblick in die Entwicklung der verschiedenen Lebewesen zu einer höheren Lebensform ist es ebenfalls wichtig zu erkennen, dass auch im Mond-Zeitalter noch nicht die Rede von Materie sein kann, wie wir sie aus unserer Zeit auf Erden kennen. Erst die vierte Verkörperung der Erde, das Erd-Zeitalter, ist eine physische, materielle Verkörperung. Alle Wesen, die im Mond-Zeitalter lebten, waren noch immer geistige Wesen. Es hatte sich noch keine Verdichtung oder Verhärtung des Geistigen zur Materie hin vollzogen, wie dies später auf Erden geschah und wodurch der Tod in Erscheinung trat. Der Tod bildet ja den Übergang von der Welt der Materie in die geistige Welt. Solange noch keine materielle Welt existierte, gab es auch noch keinen Tod.

♦   Das Erd-Zeitalter. Diese vierte Stufe der Verkörperung der Erde kennen wir schlechthin unter dem Begriff „Erd-Zeitalter". In dieser Phase der Verkörperung empfängt nun der Mensch auch den vierten Teil seines Wesens aus der geistigen Welt – das „Ich" oder das Selbst. Unser göttlicher Kern steigt aus der geistigen Welt in unseren Körper herab und wird zu einer Kraft, die sich Schritt für Schritt in uns entfaltet und sich mit uns vereint. Die göttliche Kraft offenbart sich im Menschen zuerst in Form des Egos, des niederen Ichs. Erst danach entwickelt sich dieses weiter zum Höheren Ich. In unserer Zeit leben wir in dem Zeitalter auf Erden, in dem nach dem Erwachen des Egos nun auch das Höhere Ich im Begriff ist, sich zu offenbaren.

Diese vierte Verkörperung der Erde ist vergleichbar mit dem Abschnitt im Menschenleben zwischen dem einundzwanzigsten und achtundzwanzigsten Lebensjahr, dem Lebensabschnitt, in dem der Mensch lernt, die Verantwortung für sein eigenes Leben auf sich zu nehmen und sich einen eigenen Platz im gesellschaftlichen Leben, unabhängig von seinen Mitmenschen, zu erwerben. Dabei ist in diesen Lebensjahren zunächst der Blick auf das materielle Leben gerichtet: Wie verdient man sein Geld? Wie kommt man zu einem Heim? Wie erwirbt man sich auf seine Weise Ansehen in der Gesellschaft? Doch danach kommen auch tiefgründigere Fragen auf die Tagesordnung: Warum lebe ich eigentlich auf Erden? Welches ist meine persönliche Mission? Wenn diese Fragen aufkommen, kann man darin das Spiegelbild des Übergangs vom Leben auf der Basis des niederen Egos hin zu einem Leben auf der Grundlage der Kräfte des Höheren Ichs erkennen.

Zusammenfassend können wir Folgendes sagen:
♦ Im Zeitalter des Saturn empfängt der Mensch seinen physischen Körper. Der Mensch lebt wie ein Mineral. Die heutigen Engel befinden sich auf der Stufe der Pflanzen, die Erzengel auf der Stufe der Tiere und die Urkräfte auf der Stufe des Menschen.
♦ Im Sonnen-Zeitalter empfängt der Mensch neben seinem physischen Leib auch den Ätherleib. Dadurch erreicht er das Niveau der Pflanzen. Die Engel stehen auf dem Niveau der Tiere, die Erzengel auf dem des Menschen und die Urkräfte auf dem Niveau der Engel.
♦ Im Mond-Zeitalter empfängt der Mensch nach seinem physischen Leib und dem Ätherleib auch den Astralleib. Nun wird der Mensch wie die Tiere. Die Engel werden wie die Menschen, die Erzengel wie die Engel und die Urkräfte wie die Erzengel.
♦ Im Erd-Zeitalter empfängt der Mensch nach seinem physischen Leib, dem Ätherleib und dem Astralleib auch das Ich (das niedere Ich oder Ego) und das Höhere Ich oder den Geist. Damit beginnt für den Mensch das Stadium der Menschwerdung. Die Engel gehen auf Erden vom Stadium des Menschseins über in das der Engel. Die Erzengel, die im Mond-Zeitalter noch Engel waren, werden zu Erzengeln, und die Urkräfte, die im Mond-Zeitalter noch Erzengel waren, werden zu Urkräften.

Wenn wir die Entwicklung bis heute betrachten, fallen zwei Dinge auf:

Erstens wird deutlich, wie sehr Mensch und Engel miteinander verbunden sind. Sie gehen denselben Evolutionsweg, denselben Weg des Wachstums und der Entwicklung. Dieser Weg führt sie Schritt für Schritt über die Mineralienphase, die Phase des Pflanzenreichs, die Phase der Tiere, des Menschen, der Engel und der Erzengel in die Stufe der Urkräfte. Auf diesem Weg sind die Engel uns lediglich einen Schritt voraus, die Erzengel zwei und die Urkräfte drei. Die Tiere hingegen kommen einen Schritt nach uns, die Pflanzen zwei und die Mineralien drei. Anhand dieser Entwicklungslinie wird deutlich, wie sehr Menschen und Engel (und Tiere, Pflanzen und Mineralien!) miteinander verbunden sind. Gerade ihre wechselseitige Fürsorge füreinander und ihre Anteilnahme aneinander sorgen dafür, dass sie weiter wachsen und sich weiterentwickeln können. Alle kosmischen Wesen wachsen und entwickeln sich miteinander weiter. Wenn wir das Verhältnis zwischen Mensch und Tier mit diesem Hintergrund betrachten, können wir daraus viel lernen. Wir sind nämlich für ihr Wachstum und ihre Entwicklung so verantwortlich, wie die Engel uns bei unserem Wachstum begleiten. Wenn wir diese Erkenntnis wirklich ernst nehmen, wird unbestreitbar klar, dass wir in Zukunft eine ganz andere Haltung den Tieren gegenüber einnehmen müssen. Wir werden sie ehren und lieben wie jüngere Brüder und Schwestern und aus dieser Liebe und Anteilnahme heraus für sie sorgen.

Der zweite Sachverhalt, der ins Auge fällt, betrifft die Unterschiede zwischen den Menschen und den Engeln. Die Engel wurden im Zeitalter des Mondes "Mensch", in einem Zeitalter also, das noch nicht materiell, noch nicht körperlich war. Sie waren also "Mensch", lebten jedoch nicht in einem stofflichen Körper. Sie hatten gleichwohl eine Hülle, die mit unserem physischen Körper vergleichbar war. Doch dieser Körper war geistiger und nicht materieller Natur. Daher kannten die Engel in dieser Phase den Tod noch nicht und hatten diesen auf ihrem Weg auch nicht erlebt – denn der Tod ist der Übergang von der Welt der Materie in die geistige Welt.

Der zweite Unterschied zwischen den Engeln und den Menschen ist folgender: In der heutigen, vierten Verkörperung der Erde, dem Erd-Zeitalter, wirken die Mächte des Bösen. Die Mächte des Bösen bilden in gewissem Sinn für den Menschen eine Herausforderung und schenken ihm nicht nur Negatives, sondern auch Positives. Indem er durch das Böse gegangen ist, hat sich der Mensch Schritt für Schritt von Gott losgelöst und sich dadurch Freiheit und Selbstständigkeit erworben. Wir sind sogar immer noch dabei, uns diese Selbstständigkeit zu erwerben. Das ist nun etwas, was die Engel sich auf ihrem Weg niemals zu Eigen gemacht haben. Sie lebten – anders als der moderne Mensch – schon immer in einer geistigen Sphäre und waren dadurch fortwährend mit der göttlichen Liebe verbunden. Sie hatten keinerlei Verlangen danach, sich davon loszusagen und sich auf diese Weise Freiheit zu erwerben.

So entdecken wir einerseits unsere enge Verbundenheit mit den Engeln, die als kosmische Wesen unsere Brüder und Schwestern sind, andererseits entdecken wir unsere enge Verbundenheit mit den Tieren, Pflanzen und Mineralien in ihrer Eigenschaft als unsere jüngeren Schwestern und Brüder. Doch wir entdecken auch den Unterschied zwischen den Menschen und den Engeln. Letztere kennen den Tod nicht und haben sich auch Selbstständigkeit und Freiheit nicht zu Eigen gemacht. Gerade aufgrund dieser Unterschiede wird der Entwicklungsweg des Menschen als ein besonderes kosmisches Experiment betrachtet. Der Mensch kann sich allmählich zu einem ganz neuen kosmischen Wesen weiterentwickeln, das es in dieser Weise vorher im Kosmos noch nicht gegeben hatte.

Bei alledem müssen wir im Auge behalten, dass es sich bei den verschiedenen Verkörperungen der Erde um viele Millionen von Jahren umfassende Zeiträume handelt. Wenn wir dann auch noch bedenken, dass die heutige vierte Entwicklungsstufe oder Verkörperung der Erde ebenfalls wieder in sieben große Zeitabschnitte unterteilt wird, beginnen wir zu erahnen, mit welch immensen Größenordnungen wir es hier zu tun haben.

Nun ist die heutige vierte Verkörperungsstufe der Erde freilich gleichzeitig auch ein Umkehrpunkt. Es werden noch drei weitere Stufen der Verkörperung der Erde folgen, damit der Wachstums- und Entwicklungsprozess der Erde und des heutigen Menschen vollendet ist. Diese vierte Stufe oder Verkörperung ist der Wendepunkt auf dem Evolutionsweg des Menschen. Umfasste der Evolutionsprozess bisher einen fortschreitenden Abstieg des Menschen zur Erde, so vollzieht sich in dieser vierten Verkörperungsphase die Wendung, wodurch ein Prozess der Vergeistigung stattfinden kann, eine Entwicklung aus der Welt der Materie in die geistige Welt.

Die Entwicklung hin zur Vergeistigung wird sich also, beginnend mit dem Wendepunkt im heutigen Zeitalter, in den kommenden drei Verkörperungen der Erde vollziehen. Dabei wird sich etwas Neues und Besonderes ereignen. Wir haben im Lauf der Evolution drei Körper erhalten – den physischen Körper, den Ätherleib und den Astralleib – doch diese Körper haben wir uns noch nicht zu Eigen gemacht. Wir besitzen sie sozusagen leihweise. Sie werden nicht durch unsere eigenen geistigen Kräfte am Leben erhalten, sondern durch die Kraftströme aus der geistigen Welt. Doch nun ist beabsichtigt, dass wir uns daran machen, von diesen Körpern Besitz zu ergreifen und sie mit unseren eigenen geistigen Kräften zu durchströmen, so dass wir diese Körper nicht mehr länger leihweise besitzen, sondern sie wirklich zu unserem Eigentum machen, in unser eigenes Kraftfeld umwandeln.

Die drei zukünftigen Verkörperungen der Erde werden dann der großen Aufgabe gewidmet sein, nacheinander unseren Astralleib, unseren Ätherleib und unseren physischen Leib mit Hilfe der Kräfte aus unserem Ich heraus zu erleuchten, zu verfeinern und zu vergeistigen. Jedes Zeitalter wird im Zeichen der Vergeistigung eines dieser drei Körper stehen, und zwar auf folgende Weise:

♦ Im neuen Jupiter-Zeitalter werden wir beginnen, unseren Astralleib umzuformen, zu verfeinern, zu erleuchten und zu vergeistigen. Wir werden Schritt für Schritt Besitz von diesem Astralleib ergreifen, so dass er nicht mehr länger durch die Kräfte aus der geistigen Welt, sondern durch die geistigen Kräfte lebt, die aus der Quelle unseres Ichs aufsteigen. Jener erneuerte Astralleib wird auch „Geistselbst" oder „Manas" genannt.

Wenn sich all dies vollzieht, werden wir alle hellsichtig geworden sein. Wir werden aus unseren Körpern austreten und die Engel wahrnehmen können. Wir werden sozusagen von außen, von unserem ausgetretenen Astralleib aus, unseren physischen Körper in Bewegung bringen und 'steuern' können. Wenn wir dann auf Astralreisen sichtbar und fühlbar mit den Engeln in Verbindung treten, werden wir sie auch tatsächlich als unsere Brüder und Schwestern erkennen und damit auf eine ganz neue Art und Weise mit der geistigen Welt verbunden werden.

♦ Im neuen Zeitalter der Venus werden wir unseren Ätherleib mit der Kraft vergeistigen, umwandeln und durchströmen, die unserem eigenen Ich entspringt, so dass er nicht länger von den Kräften aus der geistigen Welt abhängig ist, um am Leben gehalten zu werden. Die Umwandlung wird aus dem Ätherleib einen strahlenden Körper machen, der als „Lebensgeist" oder „Buddhi" bezeichnet wird.

♦ Im neuen Zeitalter des Vulkan schließlich werden wir unseren physischen Körper umwandeln und in einen geistigen Körper transformieren. Wie werden den physischen Körper mit den Kräften durchströmen, die unserem eigenen Ich entspringen, so dass dieser physische Körper nicht mehr länger von den Kräften aus der geistigen Welt abhängig ist, um am Leben zu bleiben.

Bei alledem sollten wir bedenken, dass das Jupiter-, Venus- und Vulkan-Zeitalter geistige Inkarnationen der Erde sein werden, sodass die heutige Erde die einzige physische Inkarnation der Erde sein wird. Der Mensch wird also im Jupiter-Zeitalter den allerersten Schritt auf den Weg zur Vergeistigung seines eigenen Wesens setzen. Im Jupiter-Zeitalter wird er zum Engel werden, zum strahlenden Lichtwesen. Die Wesen, die jetzt Engel sind, werden dann Erzengel werden. Die Tiere werden zur Menschwerdung übergehen, wie wir dies in der jetzigen Stufe der Evolution tun. Wenn wir Engel sind, werden wir den Wesen, die im Jupiter-Zeitalter mit ihrer menschlichen Entwicklung beginnen, als liebevolle Führer auf ihrem Weg so zur Seite stehen, wie die Engel uns zur Zeit auf dem Weg zur Menschwerdung beistehen und die Erzengel uns Liebe und Führung schenken werden. So sehen wir, wie alle Lebewesen intensiv miteinander verbunden und gemeinsam auf dem Weg sind, damit jeder von uns zu seiner Zeit jenes geistige Lichtwesen wird, das Gott beabsichtigt hat.

In unserer Zeit hier auf Erden beginnen wir Menschen schon ganz behutsam, an der Umwandlung unseres Astralleibs zu arbeiten. Hier wirken wir schon aus den ersten zarten Kräften des Ichs heraus, sobald es in uns geboren wurde, an unserem Astralleib. Allerdings geschieht dies heute noch völlig unbewusst. Doch später werden wir uns dieses stillen Werks bewusst werden. Nach unserem Tod werden wir auch selbst sehen können, inwieweit wir in diesem Leben bereits das erste Stück unseres Astralleibs vergeistigen konnten, inwieweit wir unseren Astralkörper schon ein wenig zu „Manas" oder zum „Geistselbst" umgewandelt haben.

Das Werk der Urkräfte

Im letzten Kapitel wurde dargelegt, wie die Erde die drei vorangegangenen Verkörperungen erlebt hat und sich nun in der vierten Verkörperung befindet. Hierauf sollen laut esoterischer Überlieferung noch drei weitere folgen, die für die Menschheit von entscheidender Bedeutung sein werden, damit der Mensch in den drei kommenden Zeitaltern endlich so werden kann, wie Gott ihn beabsichtigt hat. Es ist wichtig, sich stets vor Augen zu halten, dass wir es hier mit unvorstellbar großen Zeiträumen zu tun haben, die wir uns eigentlich mit unserem eingeschränkten Denkvermögen kaum vorstellen können.

Man könnte sich fragen, ob es überhaupt wichtig ist, Einblick in die großen Zeiträume der Verkörperungen zu erhalten, die die Erde durchlaufen hat und noch wird? Inwieweit hilft eine Einsicht dieser Art uns wirklich weiter? Ich denke, dass dieser Einblick deshalb von Bedeutung ist, weil wir nur so ein besseres Verständnis für die Tatsache bekommen, dass die Engel wirklich unsere älteren und die Tiere unsere jüngeren Schwestern und Brüder sind, und ein besseres Verständnis auch dafür, dass sowohl die Engel als auch die Tiere einen ähnlichen Evolutionsweg gegangen sind oder durchlaufen werden wie wir. Wir sind also ganz eng miteinander verwandt; wir sind wirklich eine Familie. Je mehr wir von Herzen und voller Bewunderung und Ehrerbietung feststellen, dass wir immer bewusster mit den Engeln leben, desto aufmerksamer lernen wir auch, mit den Tieren umzugehen. Denn es geht im Grunde darum, zu einer bewussten Verbindung mit den Engeln zu finden und unsere Verantwortung gegenüber den Tieren zu verstehen und danach zu handeln.

Wir haben kosmische Verwandte, ältere Brüder und Schwestern, die für uns bereitstehen und uns von Tag zu Tag, von Stunde zu Stunde helfen zu wachsen und mehr Bewusstsein zu entwickeln. Wir sind ein Glied dieser kosmischen Familie und dürfen uns in die Liebe, die diese Familie verbindet, eingebettet wissen; denn die gesamte kosmische Gemeinschaft wird von der göttlichen Liebe durchwogt und durchströmt. Die strahlende, mächtige und schöpferische Liebe ist die allergrößte Kraft im Kosmos und die einzige Kraft, die unsere kosmische Familie innerlich verbindet und zusammenhält. Je mehr wir uns unserer kosmischen Familie bewusst werden, desto mehr werden wir uns auch der Kraft und der Liebe bewusst, die unsere Familie trägt und verbindet. Je mehr wir uns unserer kosmischen Liebe bewusst werden, desto mehr werden wir auch die Kräfte der stillen Bande der Liebe in unserem Herzen erfahren. Wenn es still wird in unserem Herzen und wir nicht auf uns selbst ausgerichtet sind, sondern in Bewunderung über die Dimension reflektieren, mit der unsere kosmische Familie verbunden ist und sich gemeinschaftlich weiterentwickelt, werden wir in unserem Herzen die zarte Regung der stillen Liebeskräfte erfahren. Diese Erfahrung wird uns dann umgekehrt wieder helfen, uns unserer kosmischen Familie noch bewusster zu werden.

Für unsere heutige Zeit ist die wachsende Erkenntnis, dass wir zu einer kosmischen Familie gehören, ganz wichtig; denn wir durchlaufen in unserem Zeitalter ja eine Phase zunehmender Individualisierung. Dies ist eine notwendige Phase, denn nur indem wir wirklich Individuen werden, indem wir lernen, auf eigenen Beinen zu stehen und selbstständig zu werden, können wir uns das Selbstbewusstsein erwerben, das unerlässlich ist, damit das Höhere Ich in uns geboren werden kann. Nur so kann Christus in uns geboren werden. Doch die zunehmende Individualisierung hat zumindest zwei dunkle Aspekte. Es gibt zwei mögliche Gefahrenpunkte, die uns davon abhalten, durch die Individualisierung zu dem Menschen zu werden, zu dem wir in unserer Zeit werden können – zu dem Menschen, in dem die göttlichen Christus-Kräfte bedingungsloser, selbstloser Liebe geboren werden.

Die erste mögliche Gefahr besteht darin, dass die zunehmende Individualisierung uns vollkommen egoistisch und egozentrisch machen kann. Um dieser Entgleisung entgegenzuwirken, ist es wichtig, dass wir uns unserer Verantwortung bewusst werden, die wir als Glied der kosmischen Familie tragen. Wir haben eine Verantwortung für die Engel, unsere älteren Brüder und Schwestern, und eine Verantwortung für die Tiere, unsere jüngeren Geschwister. Neben dieser Verantwortung für die Tiere ist es mindestens ebenso wichtig, dass wir uns auch verantwortlich für die Natur – für die Pflanzen und Bäume – und für die Mineralwelt fühlen. Denn auch sie sind unsere jüngeren Schwestern und Brüder. Dieses wachsende Bewusstsein von der Ordnung der kosmischen Familie, von der auch wir ein Glied sind, sollte uns helfen, auf eine neue, liebevolle, verantwortliche und heilsame Weise mit allem, was auf dieser Erde und in der geistigen Welt lebt, umzugehen. Mitgefühl zu entwickeln, ist das einzige Mittel gegen wachsenden Egoismus.

Die zweite mögliche Gefahr der zunehmenden Individualisierung liegt in der Einsamkeit. Individualismus und damit einhergehender Verlust der alten Lebensverbände (Familienbande, Dorfgemeinschaft, Kirchengemeinschaft usw.) verursachen unwiderruflich ein zunehmendes Gefühl der Vereinsamung. Nicht umsonst ist die Vereinsamung die Klage, die in der psychologischen Gesundheitspflege unserer Zeit am häufigsten vorkommt. Das Gefühl von Einsamkeit kann Menschen verhärmen und verbittern und steht damit einer Entfaltung der Empfindsamkeit und einer Verfeinerung der Sinne des Herzens genau im Weg. Damit steht das Gefühl von Einsamkeit der Geburt des göttlichen Ichs im Weg, denn das göttliche Ich kann nur dann in uns geboren werden, wenn wir uns auf ein höheres ethisches und moralisches Niveau erheben. Dieses höhere ethische Niveau können wir jedoch nur erwerben, wenn wir Schritt für Schritt feinsinniger, liebevoller, sanfter und empfänglicher werden. Verhärmung und Verbitterung dagegen schaden unserem Gefühlsleben und unserem Gewissen. Es verkümmert, wird egozentrisch, ist nur noch auf unser persönliches Gefühl der Einsamkeit ausgerichtet und verliert jegliche Feinfühligkeit. Daher werden wir in unserer heutigen Zeit des Zerfalls des Zusammenlebens und der zunehmenden Vereinsamung ein anderes, neues Verständnis von Geborgenheit und Sicherheit erwerben müssen als das, welches dem Menschen in früheren Zeiten Halt gab. Dieses neue Gefühl von Geborgenheit können wir in der erwachenden Erkenntnis der Verwandtschaft mit unserer kosmischen Familie finden, deren Teil wir sind. Wir werden das Gefühl von Geborgenheit auch tatsächlich in unserem Herzen erfahren, wenn wir erkennen, dass wir ein Mitglied der kosmischen Familie sind. Wenn die Erfahrung also nicht nur geistiges Wissen ist, sondern erlebte Wirklichkeit wird. Daher ist es in unserer Zeit so wichtig, uns der Engelwelt und des kosmischen Zusammenhangs zwischen Mensch, Tier und Engel bewusst zu werden.

Es wurde bereits dargelegt, dass die Erde sieben verschiedene Verkörperungen durchläuft und wir jetzt gerade in der Zeit ihrer vierten Verkörperung leben. Es wurde auch darauf hingewiesen, dass eine solche Verkörperungsphase der Erde eine so immens lange Zeitspanne umfasst, dass wir uns diese mit unserem eingeschränkten Denken kaum vorstellen können. Nun werden die verschiedenen Verkörperungen der Erde jeweils in sieben große Zeiträume unterteilt, die dann zusammen wiederum die betreffende Verkörperung der Erde bilden. So ist auch diese vierte Verkörperung der Erde, das Erd-Zeitalter, in dem wir jetzt leben, in sieben große Zeiträume unterteilt. Diese sieben Phasen werden laut esoterischer Überlieferung wie folgt angegeben:

1. Das Polar-Zeitalter
2. Das Hyperboreeische Zeitalter
3. Das Lemurische Zeitalter
4. Das Atlantische Zeitalter
5. Das nach-atlantische Zeitalter (unser heutiges Zeitalter)
6. Das sechste Zeitalter (steht noch bevor)
7. Das siebte Zeitalter (steht noch bevor)

Bei jeder neuen Verkörperung der Erde werden die Errungenschaften aus vorigen Zeiten zu Beginn jeweils noch einmal wiederholt.[25)] Das ist auch leicht einsehbar, denn die alten Errungenschaften müssen erneut wirksam werden, um sich an eine neue Situation und an ein anderes Energiefeld anzupassen. Folglich wird im Polar-Zeitalter die erste Stufe der Menschwerdung und das, was sich der Mensch im einstigen Zeitalter des Saturn erworben hat, wiederholt. Dort empfing der Mensch den physischen Leib. Im Polar-Zeitalter, in dieser neuen Verkörperung der Erde also, begann der Mensch, von diesem physischen Körper auf einer anderen Ebene, in einem anderen Energiefeld, Besitz zu ergreifen. Danach, im Zeitalter der Hyperboreer, ergriff der Mensch wiederum Besitz von dem, was er sich im vergangenen Sonnen-Zeitalter erworben hatte – den Ätherleib. Schließlich nahm der Mensch im Zeitalter Lemuriens von dem Besitz, was er sich im einstigen Mond-Zeitalter ausgebildet hatte – den Astralleib. Erst zur Zeit von Atlantis begann der Mensch, sich etwas Neues zu Eigen zu machen, etwas, das er in den vorangegangenen Zeitaltern noch nicht besessen hatte – das Ich. Das Ich muss sich der Mensch zunächst in seiner niedrigeren Form dienstbar machen. Der Mensch muss lernen, „Ich" zu sagen. Er muss lernen, sich der Kräfte des Egos bewusst zu werden und sich diese anzueignen. Zur Zeit von Atlantis wurde folglich erstmals ein Wesen geboren, das dem Menschen, so wie wir ihn in unserer Zeit kennen, ein wenig zu ähneln begann. In unserer Zeit können wir Schritt für Schritt erfahren, wie in dem niedrigeren Ich allmählich die Licht-Kräfte des Höheren Ichs (des Christus in uns oder des Heiligen Geistes in uns) weiterwirken. In unserer Zeit kann unser Ego immer transparenter werden, weil die verborgenen göttlichen Kräfte der Liebe, der Hingabe und des Vertrauens durch das Ego hindurch zu scheinen beginnen. So verlief, in groben Zügen, bis heute der Prozess der Menschwerdung während der vierten Verkörperung der Erde.

Nun zunächst ein kleiner Zeitsprung. Wir erkennen anhand der obigen Ausführungen, dass bei diesem Prozess der Menschwerdung von Wiederholung die Rede ist. Wir könnten daher auch sagen, dass das Leben selbst sich fortwährend wiederholt, doch dabei handelt es sich immer um eine Wiederholung auf einem höheren Niveau. Dies gilt sowohl für die große Gesamtheit der Menschheitsentwicklung, wie sie oben skizziert wurde, als auch für das einzelne Individuum. Wenn ein Mensch geboren wird, wiederholt er oder sie zunächst alle Schritte der Menschheitsentwicklung bis heute. Erst danach kann der Mensch sich in Freiheit weiterentwickeln. Ausgehend von der Tatsache, wie im vorhergehenden Kapitel erklärt wurde, dass ein Kind zwar in den ersten sieben Lebensjahren schon in einem physischen Leib auf Erden lebt, jedoch erst ungefähr um das siebte Lebensjahr herum der Ätherleib einzieht. Etwa im vierzehnten Lebensjahr beginnt es vom Astralleib und etwa im einundzwanzigsten Lebensjahr vom Ich Besitz zu ergreifen. Man erkennt also im Kleinen die Wiederholung der früheren Stufen der Evolution. Nicht umsonst lautet eine bekannte Weisheit aus der esoterischen Überlieferung, dass der Mikrokosmos (die Welt im Kleinen) ein Spiegelbild des Makrokosmos (der Welt im Großen) ist. Der Mensch wiederholt in seinem eigenen Lebensprozess die gesamte Evolution der Menschheit. Laut orthodoxer christlicher Überlieferung haben wir nur ein Leben und kommen nach diesem einen Leben geradewegs in den Himmel oder in die Hölle. Wir haben dann unser Wachstum und unsere Entwicklung abgeschlossen, denn dann leben wir ja bei Gott. Auch die Menschheitsgeschichte wird vom Gesichtspunkt der geradlinigen Entwicklung her betrachtet. Wir sind auf dem Weg zu einem neuen Himmel und einer neuen Erde, und wir laufen regelrecht darauf zu. Am Ende der Zeiten erwartet uns als Menschheit die strahlende Zukunft, wobei auf einen Schlag das Ende für den Tod, das Leiden und den Kummer eintritt. Nach der esoterischen Überlieferung bekommen wir jedoch ein anderes Bild präsentiert, nämlich die Idee der Wiederholung auf einer stets höheren Ebene. Daher passt zu diesen Erkenntnissen als Symbol nicht eine gerade Linie, sondern eher eine Spirale. Es geht zwar um Wiederholung – denn jede Windung der Spirale ist in gewissem Sinn Wiederholung – doch jede Spiralwindung bringt uns auf dem langen Weg des Wachstums und der Entwicklung, auf dem Weg zur göttlichen Menschwerdung, also auch einen kleinen Schritt voran. Man erkennt heutzutage, wie im Christentum dieses Symbol der Spirale langsam das Symbol der geraden Linie ablöst und wie immer mehr Menschen sich durch dieses einfache Bild der Spirale angesprochen fühlen.

Faszinierend daran ist, dass man in der östlichen Tradition eine vergleichbare Entwicklung aus einer entgegengesetzten Perspektive betrachtet. In der östlichen Tradition lebte man jahrhundertelang mit dem Symbol des Kreises – jedes folgende Leben war nur Wiederholung. Wir Menschen werden immer wieder, Leben nach Leben, in eine sinnlose Wiederholung des Lebens auf Erden getaucht, so lange bis wir dem irdischen Leben entwachsen und das Nirvana erreichen. Doch in unserer Zeit beginnt in der östlichen Tradition schrittweise die Erkenntnis durchzudringen, dass sehr wohl von Wiederholung die Rede ist, dass jedoch jede Wiederholung auch ein Schritt weiter nach vorn ist. So taucht auch in der östlichen Tradition verstärkt das Bild der Spirale auf.[26)] Schritt für Schritt beginnt das Symbol der Spirale das Zeichen des Kreises abzulösen. Es ist faszinierend, in unserer heutigen Zeit mitzuerleben, wie Ost und West aus gegensätzlichen Blickwinkeln allmählich auf ein gemeinsames Symbol zuwachsen – die Spirale.

Das nach-atlantische Zeitalter, in dem wir jetzt leben, wird auch wieder in sieben Zeitabschnitte unterteilt.[27)] Laut esoterischer Überlieferung sind dies folgende:

1. Die indische Epoche
2. Die persische Epoche
3. Die ägyptisch-chaldäische Epoche
4. Die griechisch-römische Epoche
5. Die christliche oder angelsächsische Epoche
6. Die sechste Epoche (steht noch bevor)
7. Die siebte Epoche (steht noch bevor)

Wir leben nun in der fünften Epoche des nach-atlantischen Zeitalters, in der christlichen oder angelsächsischen Epoche. Gemäß alten Überlieferungen begann diese Epoche um 1400 n. Chr. und wird ca. 3.500 n. Chr. enden.

Wir haben inzwischen alle drei Kategorien der sieben Zeitalter (sieben Zeitstufen oder sieben Verkörperungen) kennengelernt. In all diesen Siebener-Kategorien beinhaltet jeweils der vierte Zeitabschnitt einen Wendepunkt bzw. eine Kehrtwende, weshalb die folgenden (die fünfte bis siebte) Zeitphasen jeweils eine Wiederholung der ersten drei auf höherem Niveau darstellen. Die fünfte Phase ist dabei eine Wiederholung der dritten Phase auf höherem Niveau, der sechste Zeitabschnitt eine Wiederholung des zweiten und der siebte eine Wiederholung des ersten. Die vierte Phase ist folglich die einzige, die nicht wiederholt wird. Denselben Wiederholungsrhythmus finden wir auch wieder bei den Verkörperungen der Erde. Dies bedeutet auch, dass die vierte Verkörperung der Erde, das Erd-Zeitalter, die einzige Verkörperung ist, die später nicht auf höherem Niveau wiederholt wird. Das macht es für uns umso unerlässlicher, gerade in einer solchen Zeitphase, die nicht wiederholt wird, unsere Lebenslektion zu lernen. Es gibt keine zweite Chance!

Die fünfte Epoche, in der wir nun leben, die christliche oder angelsächsische Epoche, ist eine Wiederholung der dritten Epoche, der ägyptisch-chaldäischen, auf höherem Niveau. Das bedeutet, dass allerhand Themen, die in der dritten Epoche bedeutsam waren, nun auf die eine oder andere Weise aufs Neue in den Blickpunkt rücken. Diesen Wiederholungsrhythmus können wir allein schon an der Tatsache ablesen, dass so viele Menschen unserer heutigen Zeit an der einstigen ägyptischen Zivilisation, besonders an den Pyramiden (und was darunter vielleicht noch verborgen liegen mag), interessiert sind und damit eine starke innere Verbundenheit fühlen. Die wichtigsten Themen jener Epoche kommen heute wieder auf die Tagesordnung. In der ägyptischen Epoche war die Aufmerksamkeit stark auf die Mysterien gerichtet – die alte Einweihungstradition, wie sie in den Pyramiden ausgeübt wurde. In unserer Zeit wird dem Weg der Einweihung wieder ganz neue Beachtung geschenkt. Es sind inzwischen allerlei Bücher erschienen, in welchen der Einweihungsweg für unsere Epoche beschrieben ist.[28] Der Unterschied zwischen dem Einweihungsweg der ägyptischen Epoche und jenem unserer Zeit besteht darin, dass in der vergangenen ägyptischen Epoche die Einweihung nur auserkorenen Persönlichkeiten vorbehalten war, die dazu von der Priesterin oder dem Priester ausgesucht wurden. Außerdem musste der Einzuweihende sich für die Ausbildung in eine geheime Mysterienschule zurückziehen und dort allerhand vorgeschriebene Übungen durchführen. In unserer Zeit ist dieser Weg für jeden, der dies möchte, begehbar. Er ist jedem gestattet. Außerdem müssen wir dazu keine Mysterienschule mehr besuchen. Unser individuelles Leben selbst bietet uns alle Lektionen, die wir benötigen, um auf diesem Einweihungsweg geistig wachsen zu können. An diesem Unterschied im Hinblick auf den Einweihungsweg lässt sich der Wiederholungsrhythmus auf höherem Niveau ablesen.

Darüber hinaus schenkte man in der ägyptischen Epoche dem Körper starke Beachtung. Das Mumifizieren des Körpers nach dem Tod ist ein Hinweis darauf. In unserer Zeit stellen wir fest, dass wieder zunehmend größerer Wert auf den Körper gelegt wird. Doch während in der ägyptischen Epoche die intensive Beachtung des physischen Körpers aus einem Verlust der Verbindung zur geistigen Welt entsprang – und als die geistige Welt nicht mehr zählte, wurde die Aufmerksamkeit von selbst auf das irdische Leben und somit auch auf den physischen Körper verschoben – werden wir uns heute wieder stärker der geistigen Welt bewusst. Wir werden daher in Zukunft andere Akzente setzen und nicht der menschliche Körper wird mehr im Mittelpunkt stehen, sondern das Bewusstsein darüber, was unser Leben auf Erden aus der Sicht der geistigen Welt bedeutet. Richtungsweisend ist in diesem Zusammenhang auch das äußerst populäre Buch „Einweihung" von Elisabeth Haich.[29] In diesem Werk beschreibt sie, wie sie sich eines früheren Lebens als ägyptische Prinzessin bewusst wird und sich unter anderem genau daran erinnern kann, wie sie in jenem Leben die sechste Einweihung erfuhr. Wir erkennen daran, wie auch im Leben dieser Schriftstellerin der ägyptische Hintergrund wieder lebendig und aktiv wurde. Nicht *ein* anderes Leben kommt nach oben, sondern genau *jenes* Leben. Wenn man sich bewusst macht, dass unsere heutige Zeit auf eine bestimmte Art und Weise eine Wiederholung der früheren ägyptischen Epoche ist, beginnt man auch zu verstehen, warum gerade diese Erinnerungen wiederkehren müssen, um auf eine neue Weise in einer neuen Zeit aktiv zu werden.

Das kommende sechste Zeitalter wird eine Wiederholung der zweiten oder persischen Epoche auf höherer Ebene sein. Die persische Epoche war ein Zeitalter, in dem sich der Mensch zum ersten Mal seines irdischen Lebens bewusst zu werden begann, nachdem er in der vorangegangenen Epoche – der indischen – eigentlich nur auf die geistige Welt ausgerichtet war. In der persischen Epoche begann der Mensch wie ein Erdenmensch zu leben. Diese Entwicklung wurde unter anderem durch die Tatsache angeregt, dass die alte hellseherische Fähigkeit, über die in der indischen Epoche noch alle Menschen verfügten, nachzulassen begann. Um dennoch mit der geistigen Welt in Verbindung zu bleiben, richtete man sich in der persischen Epoche nach den Sternen. So entfaltete der Mensch in diesem Entwicklungsabschnitt eine hohe Kenntnis der Astrologie. Außerdem wurde ihm mitgeteilt, welch hohe Eingeweihte in jener zweiten Epoche die Menschen führten. Dies alles bedeutet, dass in der bevorstehenden sechsten Zeitepoche – etwa ab dem Jahr 3500 – eine Zeit herrschen wird, in der die Menschen wieder zu Hellsehern werden, diesmal jedoch zu bewussten Hellsehern. Die sechste Epoche wird also eine Wiederholung der zweiten Epoche auf einer höheren Ebene darstellen. Darüber hinaus wird es ein Zeitalter sein, in dem der Astrologie neue Beachtung geschenkt wird und Eingeweihte den Menschen führen werden, um ihn auf eine höhere Ebene emporzuheben. Es ist faszinierend, mit anzusehen, wie das zukünftige Zeitalter auf Erden vorbereitet wird. Hellsichtigkeit wird stets 'normaler' und selbstverständlicher, die Astrologie wird nicht mehr länger als etwas Gefährliches betrachtet, sondern mehr und mehr als ein Quell wertvollen Wissens.

Die siebte Epoche wird eine Wiederholung der ersten indischen Epoche auf höherem Niveau darstellen. Die erste Epoche war stark spirituell geprägt, der Mensch war gänzlich auf die geistige Welt ausgerichtet und betrachtete das Leben auf Erden als Schein oder *Maya*. Daher interessierte der Mensch sich in jener Zeit nicht für das irdische Leben, sondern pflegte die Praktiken, die ihn in enge Verbindung mit der geistigen Welt brachten, wie etwa Yoga und Meditation. Im heutigen Indien sehen wir immer noch die Auswirkung der Einsichten aus jener ersten Epoche: Spiritualität ist dort wichtig, während es die Menschen viel Mühe kostet, das irdische Leben tatkräftig zu gestalten, so wie dies im Westen der Fall ist. Die kommende siebte Epoche – eine Wiederholung der ersten auf höherem Niveau – wird also wieder eine spirituelle Epoche sein, in welcher der Mensch in einer bewussten Verbindung mit der geistigen Welt leben wird.

In die vierte Epoche, die griechisch-römische, fiel der Wendepunkt bzw. der große Umkehrpunkt des nach-atlantischen Zeitalters. Diesen Umkehrpunkt finden wir in der Gestalt von Jesus von Nazareth verkörpert, der uns eine Lehre und Einsichten brachte, die uns helfen sollten, einen Weg 'ins Licht' zu finden. Die vierte Epoche war eine Zeit, in der das Denken sich in große Höhen emporschwang, zugleich jedoch die letzten Verbindungen mit der geistigen Welt verloren gingen; denn mit dem reinen Denken kann man die geistige Welt nicht beweisen. Als das Denken zum neuen Maßstab wurde, lebte der Mensch nur noch wie ein Erdenmensch, ohne sich bewusst zu sein, dass er im tiefsten Inneren ein geistiges Wesen ist. Wenn diese Entwicklung sich unverändert weiter fortsetzt, wird der Mensch ein egoistisches und verhärtetes Wesen werden, das ganz und gar sich selbst überlassen ist und nicht mehr für göttliche oder geistige Eingebungen offen ist. Um diese Entwicklung umzukehren und den Menschen auf einen Weg zu führen, der ihn allmählich wieder mit der geistigen Welt in Kontakt brachte, kam Christus, die allerhöchste kosmische Liebesgestalt, auf die Erde, um sich bei der Taufe im Jordan mit dem Menschen Jesus von Nazareth zu verbinden. So konnte diese kosmische Liebeskraft auf Erden wirksam werden und die Entwicklungen im Menschen umkehren. Ein altes Kirchenlied besagt, dass Jesus *mitten in die Zeiten* hineingeboren wurde. Dies deckt sich mit der alten esoterischen Überlieferung, denn Jesus wurde in der vierten Epoche geboren, in welcher der Abstieg des Menschen zur Erde umgekehrt werden musste in eine schrittweise Rückkehr in die geistige Welt.

Nun werden Sie sich inzwischen vielleicht schon gewundert haben, was die letzten Ausführungen mit dem Thema des Buches zu tun haben; denn dieses Buch handelt ja von den Engeln und nicht von unterschiedlichen Erd-Zeitaltern. Doch hier besteht ein wichtiger Zusammenhang. Ich berichtete davon, dass die Urkräfte die Zeitgeister sind, die den Rhythmus der Zeit hüten. Sie sorgen dafür, dass genau im richtigen Augenblick die bestimmten Inspirationen und Energien zur Erde und zu den Menschen strömen, wodurch der Menschheit der nächste Schritt auf dem Weg der Entwicklung und der wahren Menschwerdung möglich wird. Die Urkräfte, jene hohen geistigen Wesen voller Schöpfungskraft und Licht-Energie, sind es, welche die oben beschriebenen Zeitalter und Zeitphasen gestalten. Geleitet vom göttlichen Wissen, sorgen sie dafür, dass der Menschheit stets jene Eingebungen zuströmen, mit denen sie die anstehenden Aufgaben erfüllen kann, die in einer Epoche jeweils zu bewältigen sind.

Während der ersten vier Epochen – der indischen, persischen, ägyptisch-chaldäischen und der griechisch-römischen – verlor der Mensch allmählich die Verbindung mit der und das Bewusstsein für die geistige Welt. Dies war nötig, damit der Mensch sich der Erde bewusst werden konnte, denn der Mensch ist auch ein *Erden*mensch. Durch den Verlust des bewussten Wissens über die geistige Welt sank der Mensch in diesen vier Epochen gleichsam aus der geistigen Welt auf die Erde nieder. Das Verschließen des Bewusstseins des Menschen für die geistige Welt, man könnte auch vom 'Schließen' der geistigen Welt sprechen, ist das Werk der Urkräfte. Doch als der Christus-Geist sich bei der Taufe im Jordan in den Menschen Jesus von Nazareth inkarnierte, begann ein ganz neuer Prozess. Allmählich wurde der Mensch sich wieder der geistigen Welt bewusst, und die geistige Welt öffnete sich wieder für die Menschheit. Doch nun kehrt der Mensch als *bewusster* Mensch zurück. Dieser Aufstieg in die geistige Welt ist den Urkräften zu verdanken – denn sie sind es, die unser Bewusstsein wieder öffnen. Sie sind es, die die Tore zur geistigen Welt wieder öffnen.

Wenn wir uns in diesen Kapiteln mit all den verschiedenen Zeitaltern und Epochen befasst haben, durch die die Menschheit hindurchgegangen ist, so haben wir uns in der Tat mit dem Werk der Urkräfte beschäftigt. Je mehr wir das Ausmaß und die Verbundenheit all der unterschiedlichen Zeitalter und Verkörperungen zu uns durchdringen lassen, desto mehr Ehrfurcht entwickeln wir für die Dimension der Urkräfte, die uns mit ehrfurchtgebietender Weisheit Schritt für Schritt auf dem Weg zur Menschwerdung führen. Sie geleiten uns von Zeitalter zu Zeitalter, sie ziehen uns groß und werden dies so lange tun, bis wir zu dem Menschen geworden sind, den Gott vorgesehen hat. Bis wir alle einmal, so wie Jesus von Nazareth, zu einem Christus geworden sind. Wir erlangen das Christus-Bewusstsein, wenn der Christus auch in uns geboren ist und uns Leben auf Leben verchristlicht hat, bis auch wir, genau wie Jesus von Nazareth zu seiner Zeit, eine lebende Manifestation Christi auf Erden geworden sind. Die Urkräfte haben mit ihrer weisen Führung also ein großes Ziel vor Augen.

Wenn man all dies betrachtet, beginnt man auch zu erfassen, wie wichtig es ist, als Mensch neue Impulse und Inspirationen aufzunehmen, wie sie von den Urkräften gegeben werden. Konservativ zu bleiben, alles so zu belassen, wie es immer war, behindert das Werk der Urkräfte. Es geht darum, sich im Strom der Zeit mitzubewegen, wie die Zeitgeister es bestimmen. Dazu ist Einsicht nötig, Vertrauen und Liebe. Buddha sagte, dass es im Leben darum geht, sich in den Lebensstrom hineinzubegeben. Wer sich widersetzt, erstarrt und verhärtet. Wer jedoch den Mut und die Aufgeschlossenheit besitzt, sich selbst immer wieder zu erneuern, setzt damit um, was die Urkräfte beabsichtigen und wohin sie uns erziehen wollen.

Wir können das Wirken der Urkräfte auch wie folgt zusammenfassen:

Wie die Engel dem einzelnen Menschen helfen und beistehen, um seinen persönlichen Lebensauftrag zu finden und zu verwirklichen, und wie die Erzengel den Völkern helfen und beistehen, um ihren Lebensauftrag zu erfüllen und umzusetzen, so helfen die Urkräfte der gesamten Menschheit, ihren Sendungsauftrag und ihre Bestimmung durch die Zeitalter hindurch zu erkennen.

Es sind die Urkräfte, die uns durch die Zeitalter hindurch beistehen, um uns so zu entwickeln, dass wir einmal ein kosmischer Mensch werden, so wie Gott ihn gewollt hat.

Das Zeitalter Michaels

Wir haben in den vorangegangenen Kapiteln erfahren, wie die Urkräfte uns von Zeitabschnitt zu Zeitabschnitt führen, um uns groß zu ziehen und uns Schritt für Schritt zu unserer Bestimmung zu führen. Doch neben den verschiedenen Rhythmen und Zeiten, die beschrieben wurden, gibt es noch einen anderen Zeitrhythmus, der viel kürzere Zeitabschnitte umfasst und nicht von den Urkräften, sondern von den Erzengeln geprägt wird. Man könnte es so formulieren, dass innerhalb der großen Zeitrhythmen, die die Urkräfte bewirken, immer kleinere Feinabstimmungen eingebaut wurden.

Wir können es uns ganz einfach vorstellen. Ungefähr alle 350 Jahre bitten die Urkräfte einen der sieben Erzengel, um entsprechend der Rangordnung der Urkräfte 'emporzusteigen', um von 'oben' aus seine Energien der gesamten Menschheit zuströmen zu lassen. Dadurch wird die Menschheit während dieser 350 Jahre dem Einfluss der spezifischen Energien dieses Erzengels ausgesetzt. Die Urkräfte, die die Menschheitsentwicklung in großen Bahnen in Übereinstimmung mit dem göttlichen Plan gestalten, nutzen die Energien der Erzengel also, um feine Einzelaspekte detailliert in die großen Zeitrhythmen einfließen zu lassen, die von ihnen selbst festgelegt wurden.

Die Tatsache, dass die Urkräfte für diese kürzeren Zeitabschnitte die Energien der Erzengel einsetzen und nicht ihre eigenen Energien, hat einen guten Grund. Denn je kürzer die Zeitspanne, desto direkter wirken sich die geistigen Energien auf die Menschen aus. Sie können sich nicht über einen weiten Zeitrahmen erstrecken, sie werden nicht durch die Zeit 'verdünnt', sondern richten sich während dieser kurzen Periode ganz direkt auf die Herzen und Seelen der Menschen. Daher wären für eine solch kurze Zeitspanne – angesichts der Evolution sind 350 Jahre eine äußerst kurze Zeitspanne – die Energien der Urkräfte zu stark für die Menschen. Sie könnten sie nicht ertragen und würden daran sterben, einfach weil sie so direkt auf sie einwirkten. Daher setzen die Urkräfte für diese kürzeren Zeitabschnitte die abgestuften Energien der Erzengel ein. Wenn ein Erzengel für einen solchen Zeitraum von 350 Jahren die Führung übernehmen darf und dafür in die Sphären der Urkräfte 'emporsteigt', wirkt er während dieser Zeit folglich nicht zum Wohl eines einzelnen Volkes oder zum Wohl bestimmter größerer Gruppierungen der Weltbevölkerung, sondern zugunsten der gesamten Menschheit. Der Erzengel erhebt sich dann während dieser Zeit über sich selbst, um aus der Sphäre der Urkräfte heraus zu wirken und der gesamten Menschheit zu Diensten zu stehen.

Schon seit dem Mittelalter ist bekannt, wie die Erzengel sich bei ihrem Einwirken auf den Menschen während der aufeinanderfolgenden Zeiträume von jeweils 350 Jahren abwechseln. Wir besprechen hier also Jahrhunderte altes Wissen, denn dieses mittelalterliche Wissen geht noch weiter zurück auf ein viel älteres Wissen, das aus vorchristlichen Zeiten durch die Eingeweihten weitergegeben wurde.[30]

Nun gibt es sieben Erzengel, die dieses besondere Werk verrichten und die jeweils ungefähr 350 Jahre 'herrschen'. Daher ist auch immer die Rede von einem Zyklus von ungefähr siebenmal 350 Jahren, bevor ein neuer Zyklus beginnt. Die sieben Erzengel sind: Orifiel, Haniel, Zachariel, Raphael, Samuel, Gabriel und Michael.[31] Die Zeiträume, in welchen sie in den letzten zweitausend Jahren jeweils einzeln wirkten oder wirken, gestalten sich folgendermaßen[32]:

Orifiel: 200 v. Chr. – 150 n. Chr.
Haniel: 150 – 500 n. Chr.
Zachariel: 500 – 850 n. Chr.
Raphael: 850 – 1190 n. Chr.

Samuel: 1190 – 1510 n. Chr.
Gabriel: 1510 – 1879 n. Chr.
Michael: seit 1879 n. Chr.

An diesem Schema sehen wir, dass seit 1879 der Erzengel Michael die Regentschaft innehat und wir in den Jahrhunderten vor 1879 zuletzt unter der Inspiration von Gabriel standen. Nun dürfen wir es uns nicht so vorstellen, als hätten an einem bestimmten Tag im Jahre 1879 von einem Augenblick auf den anderen die Inspirationen durch Gabriel aufgehört, um von denen Michaels abgelöst zu werden. Es ist vielmehr so, dass seit 1879 die Eingebungen durch Gabriel allmählich abnehmen und die von Michael ganz langsam einsetzen. Es dauert eine Zeit lang, bis der Einfluss von Gabriel sich gänzlich ausgewirkt hat und verschwunden ist und anstelle dessen die Inspirationen durch Michael aus voller Kraft auf die Menschheit einwirken. Doch wir können feststellen, dass die Michaels-Energie mittlerweile mit voller Kraft wirksam geworden ist und kräftig auf die Menschheit einwirkt.

Gegenwärtig ist die Energie von Michael heftiger und stärker als die der sechs anderen Erzengel. Das können wir auch daran ablesen, dass uns von Michael berichtet wird, er stehe kurz davor, die Stufe der Erzengel zu verlassen, um für immer in den Chor der Urkräfte einzutreten. Er wird also 'erhöht', steigt auf der 'Engelsleiter' eine Stufe höher und wird nun zur Urkraft, nachdem er so lange Zeit ein Erzengel war.[33)] Das bedeutet jedoch, dass seine Energie zugenommen hat und er nun über eine Kraft verfügt, die größer ist als die eines Erzengels, ja schon der einer Urkraft entspricht. Dies bedeutet wiederum, dass die Auswirkung seiner Inspirationen auf die Menschen fühl- und sichtbarer ist, als wir sie gewöhnlich bei Erzengeln wahrnehmen können, die die Führer über einen solchen Zeitraum von 350 Jahren werden. Die Tatsache, dass Michael nun im Rang erhöht wird, hat seine Gründe darin, dass er so an Schönheit, Weisheit, Kraft und Einsicht gewachsen ist, dass er dadurch der Welt der Erzengel entwachsen und in jene der Urkräfte hineingewachsen ist. Michael hat Gabriel abgelöst und ist die führende Kraft unserer Zeit geworden. Nun gibt es aber keinen größeren Gegensatz als den zwischen den Inspirationen durch Michael und jenen durch Gabriel.

Die Energie von Gabriel ist eine einseitige Energie, welche die Aufmerksamkeit der Menschheit einseitig auf dasjenige richtet, was die fünf Sinnesorgane erfassen und der Verstand begreifen kann. Darüber hinaus wird durch die Energie von Gabriel die Verbindung des Menschen mit der geistigen Welt so weit wie möglich unterbrochen. Dadurch muss sich der Mensch auf die irdische Wirklichkeit ausrichten und versuchen, diese Wirklichkeit über das Denken zu erfassen. Dadurch war die vergangene Epoche Gabriels ausnehmend günstig für die Entwicklung des Denkens. Laut esoterischer Überlieferung haben wir in dieser Zeit unser Denken, unsere Verstandesseele, entwickelt.

Gabriel ist der Erzengel, der uns hilft, wirklich auf die Erde hinabzusteigen. Er lehrt uns, richtig zu inkarnieren und uns zu 'erden'. Etwas davon sehen wir auch in den biblischen Texten widergespiegelt, in welchen über Gabriel berichtet wird. Er erschien dem Priester Zacharias, um ihm die Geburt eines Sohnes anzukündigen, die Geburt von Johannes dem Täufer. Er wird uns in diesem Text als der Erzengel vorgestellt, der Johannes dem Täufer bei seiner Herabkunft auf die Erde beisteht und ihm hilft zu inkarnieren. Er kann dies alles tun, weil er so eng mit dessen Weg auf die Erde befasst war.[34]

Außerdem ist Gabriel der Erzengel, der Jesus bei seinem Abstieg auf die Erde beisteht, um dort eine neue Inkarnation zu beginnen; und daher ist es auch Gabriel, der Maria die Geburt von Jesus ankündigt. Auch hier erscheint Gabriel also als der „Inkarnations-Engel".[35] So können wir feststellen, dass die Energie Gabriels eine Energie ist, die uns Menschen hilft, uns zu 'erden'.

Wir können auch erkennen, in welch schneller Abfolge der Mensch in der Epoche Gabriels (1510-1879) das Denken entwickelte und welchen Höhenflug die Wissenschaft dadurch erlebte. Wir verstehen jetzt, warum der Mensch allerlei Erfindungen machte, die ihm halfen, das Leben auf Erden besser in den Griff zu bekommen. Der Mensch möchte ja die Herrschaft über die Materie erringen. Doch wir sahen auch die Kehrseite dieser Entwicklung, wenn etwa die Theologie, die stets als die „Königin der Wissenschaften" bezeichnet wurde, allmählich ihre Vormachtstellung einzubüßen begann. Wir erlebten, wie der Glaube, der stets alles Leben bestimmt hatte, seine dominante Stellung immer mehr verlor, so dass der Glaube in unserer Zeit nur noch als Privatsache betrachtet wird. Das Verblüffende dabei ist, dass diese Entwicklung sich noch bis in das Zeitalter Michaels, das 1879 begann, hineinzog. Wenn auch die ersten Energien Michaels vorsichtig zu strömen und einige Menschen zu streifen und zu transformieren begannen, war es doch noch die Energie von Gabriel, die sich zu Beginn des Michael-Zeitalters stark auswirkte. Das ist auch gut verständlich; denn je länger eine bestimmte Energie wirkt, wie in diesem Fall die Energie Gabriels, desto einseitiger wird der Mensch allmählich. Er kommt mehr und mehr unter einen einseitigen Impuls aus der Sphäre der betreffenden Wesenheit. Er wird gleichsam selbst zu dieser Energie. So erkennt man, wie der Mensch gegen Ende einer derartigen speziellen Erzengel-Periode immer einseitiger in den Bann dieser Energie gerät und auch noch zu Beginn einer neuen Erzengel-Periode bleibt. Daher rührt es, dass wir noch so lange der Beherrschung durch das Denken unterlagen und allem, was nicht mit dem Verstand bewiesen werden konnte, keinen Glauben schenkten. Daher rührt es auch, dass wir im vergangenen 20. Jahrhundert selbst in den Kirchen eine so genannte „Gott-ist-tot-Theologie" vorgefunden haben. Der Verstand kann die Existenz Gottes nicht beweisen. Daher behaupteten viele Menschen, dass es Gott nicht gäbe und alle Geschichten über Gott ein Märchen seien, mit dem die Menschen sich selbst ein wenig Halt verschaffen wollten.

Doch inzwischen hat die Energie Gabriels ihren Einfluss verloren, und wir stehen ganz unter dem Einfluss der Energie Michaels. Ich sagte bereits, dass kein größerer Gegensatz denkbar sei, als jener zwischen der Energie Gabriels und der von Michael; denn die Energie Michaels bewirkt nun gerade, dass unsere inneren Augen sich wieder für die Realität der geistigen Welt öffnen, während Gabriel sie davor verschloss. Geistiges Wissen und geistige Einsicht strömen wieder in unsere Herzen ein und machen uns diese andere Seite der Realität wieder bewusst. Während Gabriel uns zu Menschen machte, die nur noch eine Welt kannten, jene der irdischen Wirklichkeit, macht uns Michael wieder der Tatsache bewusst, dass wir Bürger zweier Welten sind – der irdischen und der geistigen. Wir werden durch einen Strom von Intuitionen, Inspirationen und Bildern aus höheren Dimensionen berührt und erfüllt. Wenn im Zeitalter Gabriels unser menschliches Denken im Mittelpunkt stand, liegt im Zeitalter Michaels nun der Nachdruck auf Inspiration und Intuition. Wie der Mensch sich im Zeitalter Gabriels die Verstandesseele erwarb, so werden wir uns im Zeitalter Michaels die Bewusstseinsseele zu Eigen machen. Wir werden zu bewussten Menschen heranreifen.

Dies alles bildet die geistige Grundlage für die Tatsache, dass in unserer Zeit das alte esoterische Wissen wieder in den Vordergrund tritt. Es herrscht Ehrfurcht vor Spiritualität, und der Frage über ein Leben nach dem Tod wird große Bedeutung beigemessen. Der Mensch stellt sich die Frage, wie seine weitere Reise verläuft, aus der irdischen Wirklichkeit zurück in die Lichtwelt. Gott wird wieder zum Thema, und auch die Engel rücken erneut in den Blickpunkt, weil wir unter dem Einfluss der Inspirationen durch Michael wieder für die Wirklichkeit der Engelwelt offen sind.

Merkwürdig ist jedoch, dass die Kirchen von dieser neuen Offenheit und Aufmerksamkeit gegenüber geistigen Fragen nicht oder nur wenig profitieren. Obwohl sich das geistige Klima total verändert hat und wieder offen über Gott und alle möglichen geistigen Fragen gesprochen werden kann, bewirkt dies in den Kirchen keine Belebung. Im Gegenteil, sie geraten in schnellem Tempo weiter ins Abseits. Das hat seinen Grund. Die Inspirationen durch Michael legen auch den Samen für ein tiefes Verlangen nach Freiheit in den Menschen. Ein Freiheitsbedürfnis, das sich auch darin zeigt, dass es für den heutigen geistigen Sucher immer schwieriger wird, an die äußere Autorität eines anderen zu glauben. Michaels Eingebungen bewirken, dass wir nur das als Wahrheit akzeptieren können, was von innen heraus, als inneres Wissen, in uns geboren wurde. An die Autorität eines anderen zu glauben, die Dogmen und kirchlichen Lehrsätze anzunehmen, passt nicht zu Michael. Alle diese Glaubensformen wurden dann auch schnell beiseite geschoben – sie passen nicht mehr zu Menschen, die von Michael inspiriert wurden.

Das Freiheitsbedürfnis Michaels äußert sich nicht nur auf diese Weise, sondern auch auf allen Gebieten des sozialen Zusammenlebens, überall nämlich, wo wir in unserer Zeit auf die eine oder andere Weise mit Autorität und Herrschsucht in Berührung kommen. In unserer Zeit gibt es eine steigende Zahl von Menschen, die als Selbstständige arbeiten. Sie möchten frei sein und nicht durch eine Organisation oder durch Vorgesetzte gehemmt werden. Autoritäten, die nicht von innen heraus eine glaubwürdige Ausstrahlung besaßen, sondern sich nur auf ein äußeres Amt stützen mussten, wurden unwiderruflich als Menschen demaskiert, die für ihre Arbeit nicht geeignet waren. Für Lehrkräfte gilt dasselbe. Wer keine natürliche Autorität besitzt, kann vor seiner Klasse nicht bestehen. Auch im Betriebsleben herrscht dieselbe Tendenz. War ein Betrieb vor gar nicht langer Zeit noch hierarchisch organisiert, erkennt man, dass hier und da nun ein Team von Mitarbeitern für einen bestimmten Bereich des Produktionsprozesses verantwortlich sind. Die Mitarbeiter müssen dann jedoch untereinander entscheiden, wie sie im Team die Aufgaben verteilen. Damit wird den Mitarbeitern größere Eigenverantwortung übertragen. *Spirituelles Management* ist ein Thema, das in unserer Zeit immer mehr an Aufmerksamkeit gewinnt. Sich als Mensch geistig oder spirituell zu entwickeln, ist gut für einen Betrieb.[36]

Auch in großen gesellschaftlichen Prozessen sehen wir dieselbe Tendenz zu mehr Freiheit, etwa bei Völkern, die sich von Gewaltherrschaft und Besetzung befreien, um ihre Selbstständigkeit zu erlangen. Frauen lösen sich aus einer jahrhundertealten Unterdrückung und Unterwerfung und suchen Anerkennung als Menschen, die dem Mann gleichwertig sind. Das Bewusstsein wächst, dass Kinder nicht mehr nur ihren Eltern gegenüber gehorsam zu sein haben, sondern dass sie ebensogut auch Lehrmeister für ihre Eltern sein können, so wie ihre Eltern ihre Lehrmeister sind. Gleichberechtigung in Freiheit – das ist das Bestreben, das der Michaels-Impuls in uns als Same anlegt.

Die Energie Michaels bewirkt in unserer Zeit auch noch etwas anderes: Verborgenes wird offenbar. All das, was in anderen Zeiten gewöhnlich 'unter dem Teppich blieb' und nicht an die Öffentlichkeit drang, kommt im Michael-Zeitalter wieder nach oben. Dies gilt sowohl auf der individuellen als auch auf der gesellschaftlichen Ebene. Individuell merken wir, dass in uns allerlei Gefühle von verborgenem Unfrieden, Angst, Enttäuschung, Unsicherheit und Wut nach oben drängen und unsere Aufmerksamkeit fordern. Es gelingt uns gewöhnlich nicht länger, all die dunklen und negativen Gefühle zu verdrängen und im Unbewussten einzusperrren. Die Michael-Energie bringt sie nach oben und macht uns die Gefühle bewusst, so dass nichts anderes übrig bleibt, als sich endlich mit diesen Gefühlen auseinanderzusetzen, um sie zu verarbeiten und loszulassen. Daher durchlaufen in unserer Zeit so viele Menschen einen fortwährenden inneren Transformationsprozess.

Auch im Geistigen spüren wir, wie Michael das Verborgene ans Licht bringt. Die alten gnostischen Schriften – die ursprünglichen spirituellen Schriften des Christentums – waren jahrhundertelang unauffindbar verschwunden und konnten den Menschen daher nicht inspirieren. Doch 1945 wurden sie in Ägypten unter dem Sand in einem Steintopf wiederentdeckt.[37] Gerade in jener Zeit, als wir unter dem Einfluss von Michael nach neuen Einsichten im esoterischen Christentum suchten, wurden sie wiedergefunden. Die gnostischen Texte inspirieren Leserinnen und Leser nun genau in diesem Punkt. Ich habe in diesen Geschehnissen immer eine gezielte Führung durch die geistige Welt gespürt. Es ist kein Zufall, dass diese Schriften gerade in jener Zeit wiederentdeckt wurden. Die Auffindung dieser Schriften passt in die Tendenz des Michael-Zeitalters, Verborgenes zu offenbaren.

Doch auch auf anderen gesellschaftlichen Ebenen zeigt sich die Tendenz, dass Verborgenes offenbar wird. Die Affäre von Präsident Clinton mit Monica Lewinsky wurde weltweit in allen Details bekannt und in der Presse behandelt. Viele Vorgänger Clintons, vor allem Präsident Kennedy, hatten ebenfalls zahlreiche Verhältnisse, die jedoch nicht in die Öffentlichkeit gelangten, wie es bei Clinton der Fall war. Man bedenke außerdem die Tatsache, wieviel sexueller Missbrauch durch katholische Priester in unserer Zeit, nach jahrelanger Verdrängung und Vertuschung, ans Licht der Öffentlichkeit gelangt. Auch daran erkennen wir die Tendenz, Verborgenes ans Licht zu bringen.

Darüber hinaus möchte die Energie Michaels alle Begegnungen zu echten Begegnungen machen. Michael will von uns, dass wir lernen zu erfassen, was wirklich im anderen lebt. Wir sollen uns nicht länger mit dem schönen äußeren Schein begnügen. Es entsteht in uns daher eine Art Unzufriedenheit mit uns selbst, wenn wir wieder eine Begegnung hatten, bei der wir uns eigentlich nicht wirklich gegenseitig berührten, sondern nur über oberflächliche Dinge sprachen. Diese Unzufriedenheit muss uns dazu anregen, uns beim nächsten Mal auf die Suche nach dem Herzen unseres Gegenübers, nach seinem verborgenen Wesen zu begeben. Als Gegengewicht zur Welt der Werbung, die ihren Einfluss auf so vielen Gebieten ausübt, regt Michael das Bedürfnis nach dem Echten an. Wir können feststellen, dass diese Tendenz heute bei ganz vielen menschlichen Beziehungen durchbricht. Von unseren Partnern verlangen wir, dass sie uns ihr Herz zeigen. Wenn sie dies nicht tun, fühlen wir uns missachtet, allein und unzufrieden. Auch dies ist ein Grund, weshalb in unserer Zeit so viele Beziehungen in die Brüche gehen. Frühere Generationen hatten viel weniger Probleme damit, wenn in der Beziehung keine Rede von einer Begegnung von Herz zu Herz war und die Verbindung im alltäglichen Ehetrott versandete. In unserer heutigen Zeit gelingt es uns gewöhnlich nicht mehr, uns damit zufrieden zu geben. Es ist wichtig, dass man sich auch selbst dieser Tendenz bewusst ist. Man beginnt dann, besser zu verstehen, was in unserer Zeit geschieht. Es hilft auch, bewusst an den Kontakten mit anderen zu arbeiten – und Beziehungen echt, aufrichtig und lebendig zu erhalten.

Eine ganz besondere Eigenschaft von Michael zieht auf spezielle Weise unsere Aufmerksamkeit an, nämlich die Tatsache, dass er der Wegbereiter Christi ist. Wenn Michael erscheint, ist Christus nicht mehr weit. Man kann es auch so formulieren: Michael bereitet die Herzen der Menschen auf die Geburt Christi in uns und auf die Ankunft des kosmischen Christus vor. Dies sind zwei Aspekte ein und desselben Geschehens. Innen und Außen bildet die Dualität, in die auf Erden dasjenige, was in der geistigen Welt eins und ungeteilt ist, sich aufteilt. Michael versucht also, die Menschen auf Christus vorzubereiten, sowohl auf den inneren Christus – und damit auf die Geburt unseres Höheren Ichs – als auch auf die Ankunft des kosmischen Christus – und damit auf die Ankunft der allerhöchsten kosmischen Liebeskraft.[38)] Dies bedeutet folglich, dass Michael uns auf das Erwachen oder die Geburt des Höheren Selbst, des Höheren Ichs oder des Geistes in uns vorbereitet. Weil das Höhere Ich eine starke, bedeutende geistige Kraft ist, muss der Mensch sich auch wirklich innerlich vorbereiten, um diese hohe Kraft in sich aufnehmen zu können. Ohne diese Vorbereitung ist die Geburt Christi in uns unmöglich. Das höchste Ziel, das Michael in uns bewirken will, ist die Vorbereitung und innere Reinigung, durch die wir auf den Einzug Christi in uns vorbereitet werden. Im Grunde sind alle die Inspirationen durch Michael auf dieses eine hohe Ziel gerichtet. Daher bringt er den verborgenen alten geistigen Abfall in uns ans Licht, weil wir durch diesen Reinigungsprozess innerlich schön werden, so schön, dass wir für die Geburt Christi in uns vorbereitet sind. Darum will er, dass unsere Beziehungen echt werden. Darum verleiht er uns Empfänglichkeit für die spirituelle Dimension dieses Lebens auf Erden und für die geistigen Welten.

Für die bevorstehende Geburt Christi ist noch etwas anderes erforderlich. Wir müssen es wagen, aus eigener Kraft heraus zu leben. Wir müssen selbstständig werden, den Weg nach innen gehen und lernen, treu auf dem Weg zu bleiben, den unser eigenes Inneres uns weist. Denn nur Menschen, die in sich selbst tief verwurzelt und verankert und ihrem eigenen inneren Wesen treu sind, können die Kräfte des Höheren Ichs auch wirklich in sich aufnehmen und verarbeiten. Michael hilft uns, um es mit einfachen menschlichen Worten auszudrücken, um uns den Weg nach innen zu weisen und uns Selbstständigkeit zu lehren. Die Methode, die er anwendet, ist folgende. Er lässt allerlei Lebenserfahrungen auf uns zukommen, die uns auf uns selbst zurückwerfen und uns allein dastehen lassen, so dass wir in der Not wohl oder übel gezwungen sind, auf unsere tiefsten inneren Kräfte zurückzugreifen, um zu überleben. Dann entdecken wir hinter dem Dunkel und der Einsamkeit die geistigen Kräfte in uns und lernen, ganz bei uns selbst zu bleiben. Darum erfahren die Menschen in einem Michael-Zeitalter allerlei Brüche in ihrem Leben: Freundschaften und Ehen gehen entzwei. Auch zwischen Eltern und Kindern kommt es häufig zur Entfremdung und es entsteht eine Kluft. Der Anstieg der Scheidungsrate in unserer Zeit ist eine typisch michaelische Erscheinung. Doch dies ist nicht nur negativ, sondern bezweckt auch, dass wir lernen, auf eigenen Füßen zu stehen und unserem innersten Wesen treu zu bleiben.

Aus alledem, was ich bisher über das Wirken Michaels geschrieben habe, dürfte deutlich geworden sein, dass Michael uns dazu bringt, endlich altes Karma anzuschauen, zu verarbeiten und zu überwinden. Dadurch kommt es, dass die meisten von uns den Eindruck gewinnen, in diesem Leben fortwährend von einem Transformationsprozess in den nächsten zu gehen. Die Zeit ist gekommen, um endlich einmal in unserem Inneren „klar Schiff" zu machen und allerhand Seelenmüll, den wir nun schon so viele Leben lang mit uns herumschleppen, zu entsorgen. Doch was für den Einzelnen gilt, gilt auch im größeren Zusammenhang. Michael hilft uns, uraltes Welt-Karma endlich anzuschauen, zu verarbeiten und zu transformieren. Aus diesem Grund kommen in unserer Zeit auch allerhand jahrhundertealte karmische Konflikte nach oben, damit sie transformiert werden können. Der Krieg im ehemaligen Jugoslawien war solch ein karmischer Konflikt. Der Krieg zwischen Israel und Palästina ist ebenfalls solch eine jahrhundertealte karmische Auseinandersetzung.[39] Diese müssen buchstäblich bis aufs Messer durchlebt und umgewandelt werden, um Versöhnung und wirklichen Frieden zu erreichen. Aus allem, was ich bisher über die tiefgreifenden Inspirationen durch Michael dargelegt habe, sollte deutlich geworden sein, warum in der Bibel berichtet wird, dass eine apokalyptische Zeit anbricht, wenn Michael auf die Erde herabkommt – eine Zeit großer Unruhe, dramatischer Umwälzungen und Konflikte. Michael ist der große Reiniger. Er wühlt auf und schüttelt das Leben heftig durcheinander, so dass das „Großreinemachen" auf geistiger Ebene beginnen kann. Doch was auf geistiger Ebene geschieht, hat durchaus seine direkte Auswirkung auf das konkrete Alltagsleben.

Daher vertritt die esoterische Tradition die Meinung, dass das Leben in einem Michael-Zeitalter nicht besonders gemütlich ist. Daher wird eine solche Zeit auch als „apokalyptisch" bezeichnet. Dieses Wort bedeutet eigentlich „enthüllend" und ist ein Begriff, der präzise für das passt, was Michael bewirkt. Doch im Sprachgebrauch hat das Wort „apokalyptisch" auch die Bedeutung von „schreckenerregend" und „schockierend" angenommen. An sich ist auch das richtig; denn wenn Michael erscheint und sich ans Werk macht, durchlaufen Erde und Mensch allerhand Krisen. Doch wir sollten begreifen, dass Michael zwar das Dunkel nach oben kehrt und in all seiner Hässlichkeit sichtbar macht, dass er das jedoch tut, damit hinter dem Dunkel das Licht auf Erden geboren werden kann – das Licht des kosmischen Christus und das Licht des Christus in uns. Es gibt keinen anderen Weg zum Licht als den durch die Dunkelheit. Das ist der Weg, den Michael uns weist. Michael zeigt uns den dunklen und engen Weg durch die Zeit in eine ganz neue Ära, eine Ära der wahrhaftigen Liebe und des echten Friedens. Sein ganzer Einsatz ist darauf ausgerichtet, uns durch das Dunkel in eine neue Zeit hineinzuführen. Daher erzählt Johannes in der Offenbarung auch, dass erst der Erzengel Michael auf die Erde herabsteigt und dann Christus zur Erde und zu den Menschen kommt – und mit der Ankunft Christi beginnt ein neues Zeitalter des Friedens und der Liebe. Mit seiner Ankunft werden der neue Himmel und die neue Erde geboren.[40)] Michael wird daher nicht ohne Grund das „Angesicht Christi" genannt.

Möge das verborgene Wirken Michaels in unserer Zeit gesegnet werden, und möge er uns tatsächlich in eine neue Zeit hineingeleiten, in welcher der innere Christus und der kosmische Christus im Mittelpunkt stehen!

Einige Kinder, die zur Zeit auf die Welt kommen, um hier eine neue Inkarnation zu beginnen, bringen diese besonderen Energien Michaels viel spürbarer aus der geistigen Welt mit. Sie sind gleichsam in der geistigen Welt durch die Energien Michaels hindurchgegangen und tragen diese nun in ihrem eigenen Wesen auf die Erde, um sie hier wirken zu lassen. Solche Kinder, die die Michael-Energien so spürbar mit auf die Erde bringen, nennen wir oft „Kinder der Neuen Zeit". Es sind Kinder mit einer erhöhten Sensibilität und sozialer Intelligenz, also nicht nur mit rein verstandesgemäßer Intelligenz. Sie zeigen eine Intelligenz des Herzens, ein starkes Freiheitsbedürfnis und Gerechtigkeitsempfinden sowie oft auch paranormale Fähigkeiten. Es sind Kinder, die im gewöhnlichen Schulsystem meist nicht zurecht kommen und mancherlei Autoritätskonflikte haben, weil sie solche Autoritäten als falsche Autoritäten demaskieren. Es sind Kinder, die oft auch körperlich sehr empfindlich sind. Sie vertragen beispielsweise Fleisch ganz schlecht oder gar nicht und sind empfänglich für Allergien und dergleichen. Sie sind gekommen, um das Michael-Zeitalter hier auf Erden offenbar zu machen. Sie helfen uns dabei, als Menschheit unseren Weg durch das Dunkel zum Licht zu finden.

Gerade an den Kindern der Neuen Zeit können wir das besondere Wirken Michaels in unserer Zeit ablesen – denn diese Kinder sind die Boten Michaels.

Zusammenfassend können wir also sagen:
- Wir leben im Zeitalter Michaels.
  Offensichtlich haben wir uns einst selbst – vor unserer Geburt – vorgenommen, in diesem besonderen Zeitalter „mit dabei sein" zu wollen, um uns dadurch auch die besondere Lektion zu Eigen zu machen, die Michael uns lehren will.
- Wir wollten dabei sein, um mit unserem eigenen Wesen zum „Großreinemachen" beizutragen, das Michael beabsichtigt, um so die Geburt Christi in uns zu ermöglichen.

Michael bewirkt in unserer Zeit Folgendes:
- Er öffnet unser Bewusstsein wieder für die geistige Welt.
- Er hebt langsam den Vorhang, der die geistige Welt so lange von der materiellen Welt abgeschottet hielt.
- Er weckt in uns ein starkes Bedürfnis nach Freiheit.

- Er weist uns den Weg nach innen.
- Er bringt uns dazu, Begegnungen auch zu echten Begegnungen zu machen.
- Er hilft uns, altes Karma zu transformieren.
- Er sendet uns seine eigenen Boten, die Kinder der Neuen Zeit, damit wir für sein Wirken empfänglich werden.
- Er bereitet uns auf die Geburt Christi in uns und auf die Begegnung mit dem kosmischen Christus vor.

Michael und Christus

Wir Menschen stehen jede Nacht mit unserem persönlichen Schutzengel in Verbindung, wenn wir während unseres Schlafs aus dem Körper heraus- und in die geistige Welt eintreten. Je mehr wir uns auf diese Begegnung vorbereitet haben – indem wir beim Schlafengehen die täglichen Sorgen und Verantwortlichkeiten loslassen und mit Andacht und Dankbarkeit alles betrachten, was in unserem Leben geschehen darf – desto besser kann uns unser Schutzengel inspirieren und auf die Aufgaben vorbereiten, die in den kommenden Tagen auf uns zukommen werden.

Zur Zeit inspiriert uns unser Schutzengel bei unseren nächtlichen Begegnungen besonders im Geiste Michaels. Er – oder sie – steht ja in der geistigen Welt ebenso sehr unter der Einwirkung von Michael, wie wir hier auf Erden. Die Eingebungen Michaels beeinflussen sowohl die irdische Wirklichkeit als auch die geistige Welt. So stehen auch unsere Schutzengel – ebenso wie wir – unter dem Einfluss und der Einwirkung der Energien, die von Michael ausgehen. Daher ist die Art und Weise, wie sie uns begleiten, von den Eingebungen Michaels durchdrungen. Nun legt unser Schutzengel in der Nacht unter anderem drei Impulse in unser Herz, die uns in Verbindung mit der Sphäre und dem Geist Michaels bringen. Diese Impulse nehmen wir zuweilen bewusst, doch größtenteils meist unbewusst aus der Nacht mit in unser Alltagsleben. Doch ob bewusst oder unbewusst, sie wirken in jedem Fall auf unser tägliches Leben. Wenn diese Impulse dann unser Leben auf Erden zu beeinflussen beginnen, bringen sie damit die Art und Weise, wie wir hier auf Erden leben, immer stärker in die Sphäre Michaels.

Die drei Impulse, die unser Engel nachts in uns niederlegt, sind:
- ◆ das Verlangen nach Freiheit
- ◆ das Verlangen nach echter Begegnung
- ◆ das Verlangen, etwas von den Zusammenhängen zwischen der irdischen Wirklichkeit und der geistigen Welt zu begreifen.

Diese drei Impulse, die unser Schutzengel nachts in unser Herz legt, wirken dann bis in unser innerstes Wesen. Bewusst oder unbewusst reagieren wir auf diese Inspirationen. So werden wir empfindsamer für Situationen, in welchen wir uns in unserer Freiheit beschnitten fühlen. Wir spüren, wie unvermeidlich dies ist, um jene Situationen so zu gestalten, dass wir die Unfreiheit und Beschränkungen ablegen, um uns wirklich frei fühlen zu können. Wir entwickeln außerdem ein unzufriedenes, unerfülltes Gefühl, wenn wir einander nicht wirklich begegnet sind. Dieses Gefühl der Unzufriedenheit bringt uns dann dazu, in Zukunft sorgfältiger mit Begegnungen umzugehen, so dass wir den anderen auch wirklich wahrnehmen und ganz und gar im Herzen berühren. Darüber hinaus entsteht in uns das Bedürfnis zu verstehen, wie die geistige Welt in uns verankert ist und wie wir von der geistigen Welt geführt werden. Es genügt uns nicht mehr, dies auf die Erzählung anderer hin zu glauben, nein, wir wollen es selbst begreifen können. Dadurch werden wir auch wie von selbst dazu veranlasst, den Weg nach innen zu gehen und zu lauschen, was unser persönliches inneres Wissen uns dazu zu sagen hat.

Die nächtlichen Eingebungen im Geiste Michaels wirken in unserem Alltagsleben allerdings viel schwächer, wenn wir uns abends nicht auf die Begegnung mit unserem Schutzengel vorbereitet haben. Vorbereitung bedeutet übrigens nicht, dass wir uns vor etwas, was nachts mit uns geschieht, schützen müssen. Es bedeutet vielmehr, dass wir uns darauf mit einem Gefühl der Ehrfurcht und Dankbarkeit vorbereiten und mit einem stillen Gebet zu Gott schlafen legen. Dies war auch der tiefere Sinn der alten Gewohnheit, vor dem Zubettgehen ein Gebet auszusprechen – die Vorbereitung auf die Begegnung mit unserem persönlichen

Engel. Noch immer gibt es Kinder, die lernen, abends beim Schlafengehen ein Gebet zu sprechen. Ein altbekanntes Abendgebet für Kinder lautete:

„Müde bin ich, geh' zur Ruh',
Schließe beide Äuglein zu.
Vater lass' die Augen dein
über meinem Bette sein.
Amen."

Ich finde es persönlich immer wieder inspirierend, wenn man den tieferen Sinn hinter solchen alten Gewohnheiten zu erkennen beginnt. Hinter den alten Traditionen liegt uraltes Wissen darüber verborgen, wie die Verbindung von Mensch und Engelwelt funktioniert.

Wir werden nachts durch den Geist Michaels inspiriert. Weil Michael – als Nachfolger Gabriels – bereits seit mehr als hundert Jahren der führende Erzengel ist, leben wir nun in einer Zeit, die nur noch von Michael allein bestimmt und inspiriert wird. Seine Eingebungen strömen nun in Fülle in den Menschen, und jeder von uns wird davon berührt. Es ist kein Zufall, dass wir nun gerade im Zeitalter Michaels leben, offenbar benötigen wir die Eingebungen Michaels, um in diesem Leben auf dem Weg des geistigen Wachstums und der Menschwerdung wieder einen Schritt vorwärts machen zu können. In jedem Leben setzen wir ja einen Schritt auf unserem Weg nach vorn, und zwar genau den Schritt, den wir in diesem Augenblick brauchen, um weiter wachsen zu können. Offensichtlich bedürfen wir im Augenblick der Inspirationen von Michael. Wenn andere Inspirationen uns besser dienten, wären wir in einer anderen Zeit auf die Erde gekommen.

Zudem sind wir natürlich auch auf die Erde gekommen, um Michael bei seinem Wirken in unserer Zeit zu helfen – bei seinem stillen, unsichtbaren, jedoch so spürbaren Dienst an der Menschheit. Auch wenn wir uns dessen vielleicht nicht bewusst sind – unsere Seele weiß sehr genau, dass Engel und Menschen immer mehr aufgerufen sind zusammenzuarbeiten – denn nur dann kommen wir gemeinsam auf dem Weg voran, der Engeln und Menschen ihre kosmische Bestimmung vermittelt. Daher ist es wichtig, innezuhalten und sich zu überlegen, wie man Michael in diesem Leben bei seinem Werk auf Erden unterstützen könnte. Dabei dürfen wir erkennen, das wir auch selbst geistig wachsen und unseren persönlichen geistigen Auftrag in dieser Inkarnation zur Erfüllung bringen können, indem wir Michael beistehen.

Es gibt für uns verschiedene Möglichkeiten, um Michael zu helfen:

♦ Zuerst, indem wir unser Denken vergeistigen. Dies bedeutet, dass wir uns nicht nur auf materielle Dinge ausrichten – auch wenn diese durchaus wichtig sind – sondern uns darüber hinaus auch mit Hilfe unseres Denkens auf geistige Inhalte konzentrieren. Wir sollten ein „Denken-in-Liebe" entwickeln, ein „Denken-mit-Herz", das Bewunderung, Ehrfurcht und Vertrauen kennt. Wir sollten uns der kosmischen Gesetze bewusst werden – und damit der Liebe, denn alle kosmischen Gesetze dienen der Liebe – und versuchen, diese auf Erden zu verwirklichen. Es geht also um ein Denken, das sich nicht nur auf das beschränken lässt, was man mit den fünf Sinnesorganen des Körpers erfassen kann, sondern um ein Denken, das die Schranken überschreitet, das sich mit dem Herzen verbindet und zu innerem Wissen wird.

Michael schenkt uns in unserer Zeit alle Inspirationen, derer wir bedürfen, um die Schranken unseres Denkens zu durchbrechen und es in geistiges Denken umzuwandeln. Doch Michael zwingt uns niemals. Er lässt uns vollkommen frei, seine Eingebungen zu verinnerlichen oder sie abzulehnen. Wenn wir sie ablehnen, geraten wir gesetzmäßig in einen Prozess der Verhärtung; und dann beginnen die Eingebungen Michaels gegen uns zu arbeiten. Es verhärtet sich nicht nur unser physischer Körper, sondern auch unser geistiger Leib, unser Äther- und Astralleib. Die Verhärtung führt in der Folge zu Einsamkeit und zur Unfähigkeit, mit unserem Gegenüber wirklich zu kommunizieren, sowie zu einer Gefühllosigkeit, die uns nicht mehr spüren lässt, wie Gott in unser Leben tritt. Die Entscheidung – die Eingebungen Michaels zu verinnerlichen oder sie abzulehnen – liegt bei uns. Wenn wir uns bewusst werden, wie Michael auf uns wirkt und in welcher Weise er unsere Hilfe braucht, kann uns dies unterstützen, die richtige Wahl zu treffen.

♦ Wenn es uns Schritt für Schritt gelingt, unser Denken zu vergeistigen, wendet sich unser innerer Blick immer mehr auf das, worum es im Leben eigentlich geht, um Liebe und Gefühle für den anderen. Es geht darum, das Leben auf Erden umzuwandeln in ein Leben in Frieden, in ein Leben voller Wärme, ein Leben, das für jedes Lebewesen einen ruhigen Fleck kennt, einen Platz, wo jeder zu essen und zu trinken hat. Wenn die Erkenntnis zu uns durchzudringen beginnt, dass es auch unsere persönliche Berufung ist, hierzu beizutragen, werden wir voller Enthusiasmus Wege suchen, um das ganz persönlich, in aller Schlichtheit, zu tun. Gerade diesen Enthusiasmus benötigt Michael, und umgekehrt will er ihn auch in uns wachrufen. Die Begeisterung, Ideale zu verwirklichen – Ideale, die nicht auf den eigenen Nutzen ausgerichtet sind, die nicht dem Egoismus entspringen, sondern unserem tiefen Bedürfnis, selbst hier auf Erden zur Verwirklichung des göttlichen Plans, zur Geburt des Königreichs Gottes auf Erden, beizutragen. Wo auch immer diese Art von Enthusiasmus in uns erwacht, ist Michael im Verborgenen am Wirken – inspirierend und begeisternd.

Die Ideale, die Michael sucht und auf die er hofft, können auch auf die spirituelle Bewusstwerdung des Menschen in unserer heutigen Zeit ausgerichtet sein. Das ist es ja, was Michael beabsichtigt und wozu er sich die Hilfe aus der Menschheit selbst heraus erhofft. Unsere Ideale können auch auf die Heilung des Menschen und auf die Transformation des Karma im Großen und im Kleinen ausgerichtet sein. Überall, wo dies geschieht, leben und wirken wir im Geiste Michaels.

♦ Darüber hinaus können wir Michael beistehen, Willenskraft zu entwickeln. Die Willenskraft, die wir brauchen, um unsere Ideale zu verwirklichen. Willenskraft, die nicht durch Angst, Enttäuschung oder Widerstand erlahmt, sondern die standhält und nicht zu unterdrücken ist.

So stellen wir fest, wie Michael den Menschen mit neuem Elan und neuer Begeisterung erfüllen will; wie er uns die Kraft geben will, um unseren Idealen treu zu bleiben. Denn nur so kann die neue Welt, die er beabsichtigt, auch geboren werden.

Enthusiasmus, geistiges Denken oder Denken mit dem Herzen und der Willenskraft – das sind die inneren Kräfte, mit welchen wir in unserer Zeit Michael auf Erden beistehen können.

Diese Kräfte werden in Zukunft den dunklen Kräften der Angst, der Gleichgültigkeit und der Aggression – Kräften, die so viele Menschen in unserer Zeit ergreifen und in ihrem Bann halten – ein inspirierendes Gegengewicht bieten. Ein Michael-Zeitalter bedeutet eine Zeit des Ringens, der verschärften Gegensätze zwischen Dunkel und Licht – und niemand bleibt davon verschont.

Ein wichtiger Aspekt dieses Zeitalters ist die Zunahme des Dunklen, des Bösen, der Angst, der Gleichgültigkeit oder der wachsenden Aggression, die ich oben bereits erwähnte. Doch auch zunehmende Einsamkeit, das stets weiter abnehmende Vertrauen in die Obrigkeit und der Eindruck, dass in unserer heutigen Zeit von verstärktem Egoismus die Rede ist. Woher kommt diese Zunahme des Bösen? Woher stammen die negativen Entwicklungen, die so viele Mitmenschen in unserer Zeit zu verspüren meinen? Das hat alles mit Michaels Einsatz zu tun, um der führende Erzengel unserer Zeit zu werden. In der Bibel beschreibt die Offenbarung des Johannes in groben Zügen die Evolution, das Wachstum und die Entwicklung des Menschen durch die verschiedenen Zeitalter hindurch. Sie überliefert, dass der Erzengel Michael einmal in der geistigen Welt einen Kampf gegen den Drachen, das Sinnbild des Bösen, führt und diesen aus der geistigen Welt vertreibt und auf die Erde wirft. So wird berichtet:

„Und es erhob sich ein Streit im Himmel: Michael und seine Engel stritten mit dem Drachen; und der Drache stritt und seine

Engel, und siegten nicht, auch ward ihre Stätte nicht mehr gefunden am Himmel.

Und es ward ausgeworfen der große Drache, die alte Schlange, die da heißt der Teufel oder Satanas, der die ganze Welt verführt, und ward geworfen auf die Erde, und seine Engel wurden auch dahin geworfen." [41)]

Rudolf Steiner hat gesagt, dass das Hinabstoßen des Drachens – der gebündelten Kraft des Teufels und des Satans – auf Erden nicht nur ein schönes Bild ist, sondern dass es auf gewisse Weise auch Wirklichkeit ist, dass die Mächte des Bösen einst aus der geistigen Welt vertrieben und auf die Erde verbannt wurden. Steiner lehrte auch, dass es Michael war, der dies bewirkte, und dass dieses Ereignis in der zweiten Hälfte des 19. Jahrhunderts stattfand. Der Streit zwischen Michael und den Mächten des Bösen wurde 1879 mit dem Sieg Michaels beendet.[42)] Diese Erläuterung von Steiner zum oben zitierten Bibeltext empfinde ich in meinem Herzen als die Wahrheit. Ich kann diese Interpretation aus meinem inneren Wissen heraus bestätigen. Diese Einsicht Steiners ist für mich bedeutungsvoll geworden und dient mir als Hilfe, um die Entwicklungen unserer Zeit begreifen zu können.

Seit 1879 wirken die Kräfte des Bösen also nicht mehr länger aus der geistigen Welt heraus auf den Menschen ein, sondern sie sind auf die Erde herabgesunken und haben in das Herz des Menschen Einzug gehalten. Dies bedeutet, dass das Böse in unserer Zeit nicht mehr länger von außen auf uns zukommt, sondern dass es in uns selbst wirksam ist, in unseren Herzen. Da das Böse nun von innen heraus wirkt, wird es auf Erden sichtbarer als vorher. Es kommt gleichsam unverhüllt ans Licht. Jetzt steht der Mensch vor der schweren Aufgabe, das Böse in sich selbst zu bekämpfen und zu besiegen. Wir stehen dem Bösen jetzt Auge in Auge gegenüber. Ein Entkommen ist nicht mehr möglich, weil wir das Böse in unserem Inneren tragen. Jetzt liegt es an uns, das Böse hier auf Erden zu besiegen, wie Michael es in der geistigen Welt besiegt hat. Aber heute, in unserer Zeit, erhalten wir auch die Kräfte, die uns dazu in die Lage versetzen, denn Michael ist derjenige, der die Ankunft

Christi, die Geburt des inneren Christus, vorbereitet. Wenn die Geisteskraft in uns geboren ist, besitzen wir die Fähigkeiten, die uns in die Lage versetzen, das Böse in uns selbst zu überwinden. Weil das Böse nun in die Herzen der Menschen Einzug gehalten hat, befinden wir uns folglich allesamt in einem inneren Kampf. Es steigen in uns allerhand dunkle, düstere Gefühle auf, Ängste bedrängen uns, unbegreifliche Anwandlungen von Aggressionen, Depressionen und Minderwertigkeitskomplexe sowie große Unsicherheit. Durch all dies ist das Leben des Menschen bestimmt nicht einfacher geworden. Ein Leben in anhaltender innerer Ruhe und Frieden ist in unserer Zeit, in dieser Inkarnation, nicht zu verwirklichen. Innere Ruhe, Vertrauen und Hingabe müssen wir jetzt in jenem inneren Kampf gegen all die dunklen Gefühle, die immer wieder aufs Neue nach oben steigen, mühsam erringen. Für jeden Menschen, der bewusst lebt, ist es spürbar, dass Michael wahrhaft das Böse aus der geistigen Welt verbannt hat und es nun in unseren Herzen Zuflucht gefunden hat. Wenn wir uns diese Tatsache bewusst machen, erkennen wir noch deutlicher als zuvor, warum ein Michael-Zeitalter eine apokalyptische Zeit ist, eine Zeit der Enthüllung des Bösen und eine Zeit des Chaos, der Verwirrung, des Streitens und der furchterregenden Geschehnisse. Schreckliche Ereignisse treten dort auf, wo Menschen sich nicht bewusst sind, dass das Böse in ihre Herzen eingekehrt ist. Sie erkennen noch nicht, dass wir nun den Kampf gegen die dunklen Mächte in unserem Herzen eröffnen müssen. Wo Menschen sich hingegen ohne Widerstand dem Bösen hingeben und den Kampf gegen sich selbst nicht antreten, ist der Mensch in unserer heutigen Zeit zu allerlei Bösem imstande. Das ist auch der Grund dafür, warum wir heute so vieles über sinnlose Aggression hören, über Menschen, die ohne Grund andere niederschießen und ihren Mitmenschen Gewalt antun. Mehr denn je tritt das Böse ans Licht. Mehr denn je liegt es nun an uns Menschen, das Böse in uns selbst zu bekämpfen. Es hat seinen tieferen Sinn, dass Michael das Böse nun auf die Erde und in unsere Herzen verbannt hat. Durch den Kampf, zu dem wir nun bewusst gegen das Bösen in uns selbst anzutreten haben, werden wir in Bezug auf das Gute stärker. Jeder Sieg über das Böse in uns selbst macht uns stärker. Die wachsende Geisteskraft, die steigende Bewusstheit und die zunehmende Reinheit, Ehrlichkeit und Liebeskraft brauchen wir, um auf die Geburt Christi in uns vorbereitet zu sein. Die Herausforderungen unserer Zeit sind im Grunde die Geburtswehen des verborgenen Christus in uns. Michael bereitet uns also mit der Aufgabe, vor die er uns stellt, ein Geschenk – ein anstrengendes Geschenk zwar, aber dennoch ein Geschenk. Nur so können wir wachsen – der Christus-Kraft entgegenwachsen, die uns geschenkt wurde.

Doch wer ist der Christus, dessen Vorbote Michael ist? Wer ist dieser Christus, dessen Ankunft Michael uns in unserer Zeit ankündigt? Wer ist dieser Christus, der in uns geboren werden will?

Dieser Christus ist "Gottes erstgeborener Sohn". Das soll bedeuten, bevor überhaupt irgendetwas existierte, bevor die Welt, der Kosmos und die Erde geschaffen wurden, wurde als Erster Christus, als eine Kraft der kosmischen Liebe, aus dem Quell des göttlichen Seins geboren. Es ist dieser Christus, diese kosmische Liebeskraft, die daraufhin der Schöpfer von Himmel und Erde, also der sichtbaren und der unsichtbaren Welt, wurde. Es ist dieser Christus, der irgendwann den Menschen geschaffen hat und irgendwann auch die Engel schuf. Paulus berichtet dies im Brief an die Kolosser wie folgt:

„... welcher ist das Ebenbild des unsichtbaren Gottes, der Erstgeborene von allen Kreaturen. Denn durch ihn ist alles geschaffen, was im Himmel und auf Erden ist, das Sichtbare und das Unsichtbare, es seien Throne oder Herrschaften oder Fürstentümer oder Obrigkeiten; es ist alles durch ihn und zu ihm geschaffen.
Und er ist vor allem, und es besteht alles in ihm..." [43]

Die Throne, die Herrschaften, die Fürstentümer (oder Urkräfte) und die Mächte, über die Paulus in diesem Text spricht, stellen, wie ich darlegte, verschiedene Hierarchien, verschiedene Arten von Engeln dar. Paulus erzählt uns also in diesem Text, dass Christus als Erster aus dem Quell des göttlichen Seins geboren wurde, dass er daraufhin der Schöpfer der Erde, der geistigen Welt und der Engel wurde. Er ist auch das Haupt der Engel. Seine Liebeskraft durchströmt alle Engel. Von dieser Liebeskraft leben die Engel. In gewissem Sinn ist jeder Engel folglich der lebendige Ausdruck oder die Verkörperung der Liebe Christi; und in gewissem Sinn steht somit in jedem Engel Christus selbst vor uns. Christus, der Erstgeborene, ist die kosmische Liebeskraft schlechthin. Folglich reden wir im Grunde, wenn wir über die Engel sprechen, fortwährend über Christus selbst, als den Schöpfer der Engel, die die Liebe Christi verkörpern.

Nun wurde Christus aber auch „der Mittler" genannt. Er ist es, der uns auf unserer langen Reise durch die Welt der Materie Leben für Leben begleitet und uns Schritt für Schritt wieder nach Hause bringt, wieder mit Gott verbindet. Auf dieser langen Reise waren wir in die Welt der Materie 'hinabgestiegen' und hatten uns von Gott weit entfernt. Doch er ist es, der unsere menschliche Entwicklung so begleitet, dass wir letztendlich den Weg nach Hause zurückfinden und wieder eins mit Gott werden.

Doch Christus vermittelt nicht nur zwischen Gott und den Menschen. Er vermittelt auch zwischen Gott und den Engeln. Er sorgt dafür, dass das gesamte Wirken der verschiedenen Engel sorgfältig aufeinander abgestimmt ist, damit sich die verschiedenen Tätigkeiten wieder zu einem großen Ganzen ergänzen und diese Einheit, diesen göttlichen Plan, nicht stören. Er ist es, der die Engel mit seiner Liebe durchströmt, so dass sie durch die Liebe in einer lebendigen Verbindung mit Gott bleiben. Daher wurde er auch mit einem Dirigenten verglichen, der den Chor der Engel leitet und ihre Klänge zu einer großen Symphonie vereint.

Er wird nicht nur als „Dirigent" und „Mittler", sondern auch als „das Herz der Schöpfung" bezeichnet. Daher sind auch die Bilder so beliebt, auf welchen Jesus Christus als das "heilige Herz" abgebildet wird. Er ist das Herz der Schöpfung, denn seine kosmische Liebe ist es, die alles zu einer großen Liebesgemeinschaft verbindet, deren Mitglieder füreinander leben und nichts anderes wünschen, als einander zu tragen, zu lieben und beizustehen.

Dieser Christus ist einst in die irdischen Gefilde hinabgestiegen, um sich im Menschen Jesus von Nazareth zu verkörpern. Bei der

Taufe im Jordan vollzog sich dieses Wunder. Dieser Christus wandelte in den drei Jahren, die auf die Taufe im Jordan folgten, den Menschen Jesus Stück für Stück in eine lebendige Manifestation Christi auf Erden um. Als Jesus am Kreuz starb, war er letztendlich ganz und gar „verchristlicht", ganz und gar die Manifestation Christi auf Erden geworden.

Doch was damals mit Jesus von Nazareth geschehen ist, wird in Zukunft mit jedem von uns geschehen. Wir alle werden zu einer Verkörperung Christi und Schritt für Schritt durch ihn zu seiner lebendigen Manifestation auf Erden verwandelt. Wie einst Jesus bei der Taufe im Jordan durch Christus getauft wurde, wie damals Christus in ihn einzog, so werden auch wir in unserer Zeit durch Christus getauft, und er wird in uns 'wohnen'. Im großen Ringen unserer Zeit, in der wir mit den Mächten des Bösen in unserem eigenen Herzen zu kämpfen haben, wird sich ein großes Wunder im Stillen vollziehen – das Wunder, dass jeder Mensch dafür offen ist, die Geburt des inneren Christus zu erfahren.

In der Nacht, wenn das Dunkel am stärksten ist, wird das erste Tageslicht geboren. Das ist buchstäblich wahr, denn in der Nacht wird das Dunkle zunächst intensiver. So lange, bis es seinen dunkelsten Punkt erreicht hat. Doch genau dann ist der Augenblick gekommen, in dem das erste Tageslicht geboren wird und das tiefste Dunkel durchbricht. Genau so verhält es sich mit Christus, der auch als „unsere Sonne" bezeichnet wird. Im tiefsten Dunkel der Zeit wird sein Morgenlicht in uns geboren und durchbricht die Finsternis des Bösen, in der wir uns gefangen wissen. Michael, der „das Angesicht Gottes" genannt wird, ist es, der uns auf diese Geburt vorbereitet.

Oft erhebt sich die Frage, wie es denn sein kann, dass Christus einerseits zur Erde herabgestiegen und als Jesus von Nazareth inkarniert ist, dass er aber andererseits weiterhin aus der geistigen Welt heraus die Engel mit seiner Liebe durchströmen und von dort die gesamte Evolution der Menschheit auf Erden begleiten kann. Das erscheint für unser menschliches Denken paradox. Das ist es jedoch nicht, denn auch wir Menschen können manchmal, während wir gerade mit etwas Bestimmtem beschäftigt sind, gleichzeitig mit unseren Gedanken an einem anderen Ort sein. Wir können manchmal mit zwei Dingen gleichzeitig beschäftigt sein. Für solch ein gewaltiges kosmisches Wesen wie Christus ist es selbstverständlich, überall gleichzeitig wirken zu können – „allgegenwärtig" sein zu können, wie es in der Theologie ausgedrückt wird. Daher kann er einerseits zur Erde herabsteigen, andererseits in der geistigen Welt wirksam bleiben. Natürlich bleibt dies für uns ein Mysterium, das unseren Verstand weit übersteigt. Doch einst, wenn wir die Beschränkungen des Körpers abgelegt haben und nach unserem Tod in die geistige Welt eingetreten sind, werden wir in der Lage sein, dieses Mysterium zu ergründen. Dies wird mit ehrfürchtiger Ergriffenheit einhergehen.

Je mehr wir uns in unserer heutigen Zeit der Tatsache bewusst werden, dass wir im Zeitalter Michaels leben, desto mehr werden wir uns des besonderen Geheimnisses dieser Zeit bewusst – dass Michael in uns die Geburt Christi bewirkt. Wenn wir uns bewusst dafür entscheiden, der Gehilfe/die Gehilfin Michaels zu werden, entscheiden wir uns damit dafür, uns für das Geheimnis zu öffnen, das er uns beschert – die Geburt des Christus in uns. Es ist daher eine entscheidende Zeit, eine wegweisende Inkarnation, die wir gerade miterleben. Mehr denn je erfasst uns der Ruf: „Bereite dich vor, ziehe in den Kampf gegen die bösen Mächte in dir und lerne, ihnen zu widerstehen, denn nur so, im geistigen Ringen, kann das Geheimnis unserer Zeit auch in uns Wirklichkeit werden." Michael ist wirklich „das Angesicht Christi", denn wer sich seines Wirkens bewusst wird, wer sich berufen fühlt, Gehilfe/Gehilfin Michaels zu werden, gerät damit in die direkte Einflusssphäre Christi selbst und kann die kraftvolle, heilsame und erbauende Energie des verborgenen Christus in sich selbst erfahren.

Mit Engeln leben II

Wenn wir die Erkenntnisse betrachten, welche die Überlieferung über die Engel bietet, wird es Zeit, darüber nachzudenken, was diese Informationen und Einsichten bedeuten. Es wird Zeit, darüber nachzudenken, inwieweit sie uns helfen, unseren ganz persönlichen Umgang mit der Welt der Engel zu finden. Es geht darum zu beginnen, innerlich mit den Engeln zu leben. Es geht darum zu lernen, ihre Geschenke dankbar anzunehmen und uns bewusst zu werden, was wir unsererseits den Engeln geben können.

Die Tatsache, dass wir erkannt haben, dass die Engel unsere kosmischen Schwestern und Brüder sind, kann sie uns etwas näher bringen. Wir sind miteinander verwandt – und größer als die Unterschiede, die zwischen uns bestehen, sind die Dinge, die uns miteinander verbinden. Was uns verbindet, ist das Bewusstsein, dass wir gemeinsam wachsen, an- und miteinander, und dass wir zusammen auf dem Weg zu unserer kosmischen Bestimmung unterwegs sind. Uns verbindet auch das Bewusstsein, dass wir gemeinsam im Dienst der kosmischen Quelle allen Seins stehen können – im Dienst Gottes. Schließlich verbindet uns das Bewusstsein, dass wir uns gemeinsam von der kosmischen Liebe beseelt wissen, mit der uns Christus durchströmen will.

Es ist wahrhaftig ein großer Schritt, den wir in unserer Zeit tun dürfen; wir beginnen uns bewusst zu werden, dass wir vor allem Weltbürger sind, nicht vorrangig Niederländer, Amerikaner oder Deutsche. Wir sind im Begriff, uns richtig bewusst zu werden, dass alle Menschen, gleich welcher Hautfarbe, welchen Glaubens oder welcher politischen Überzeugung, unsere Brüder und Schwestern sind und nicht unsere Feinde. Dann können wir einen Schritt vorwärts tun und uns bewusst werden, dass wir nicht nur Weltbürger, sondern Bürger des Kosmos und die Engel unsere Geschwister sind. Uns dieser Tatsachen wirklich bewusst zu werden – und aus der Sicht eines kosmischen Weltbürgers zu leben – das ist es, was von uns in Wahrheit gefordert wird.

Mit Engeln leben heißt, sich tief im Inneren der Hilfe seines persönlichen Schutzengels bewusst zu werden und zu lernen, ihm für alle Hilfe zu danken. Es heißt, ab und zu 'nach oben' zu blicken, um ein Dankeschön auszudrücken. Das bedeutet, aufmerksam darauf zu achten, wann diese Hilfe im eigenen Leben fühlbar oder manchmal auch sichtbar wird. So weit, wie man manchmal sein Herz für einen vertrauten Bruder oder eine liebe Schwester öffnet, so weit können wir unser Herz auch für unsere kosmischen Brüder und Schwestern öffnen. Wenn wir das tun, bereichern wir nicht nur uns selbst, sondern auch den anderen – unseren Engel. Denn wir wachsen miteinander.

Mit Engeln leben heißt, sich bewusst zu werden, wie sehr der Erzengel Michael in der heutigen Zeit unserer Hilfe bedarf. Auch ein Erzengel kann sein bedeutendes Werk an der Menschheit nicht ohne unsere bewusste Mithilfe verrichten. Das bedeutet wiederum, dass wir uns bewusst werden dürfen, welche Inspirationen von Michael in unser Leben einströmen, auf welche Weise wir diesen Inspirationen Gehör schenken möchten und wie wir die Inspirationen in unserem alltäglichen Leben verwirklichen können.

Mit Engeln leben heißt auch, sich bewusst zu werden, durch welche besondere Zeit uns die Urkräfte in diesem Abschnitt unserer Menschheitsentwicklung hindurchführen. Es bedeutet, mit den Augen des Herzens zu erkennen, welch großer und erhabener göttlicher Plan sich hinter allen Entwicklungen verbirgt, die durch die Urkräfte gelenkt werden. Bewunderung, Dankbarkeit und Ehrfurcht sind die stillen Kräfte des Herzens, die uns ganz besonders mit den Engeln verbinden.

Mit Engeln leben heißt auch, sich bewusst zu werden, wie sehr in jedem Engel und in all ihrem Wirken die Liebe des kosmischen Christus selbst zu uns kommt. Wir werden durch diese Liebe getragen und geführt. Wir können uns diese Liebe immer noch mehr zu Eigen machen; denn der gesamte Kosmos wird von dieser Liebe getragen und ist auf dieser Liebe errichtet. Es ist die Absicht, dass wir Menschen uns aus unserer eigenen Freiheit von innen heraus für die Liebe entscheiden und diese Liebe in unserem Leben immer mehr verwirklichen. Es sind die Engel, die uns täglich bei dieser großen und bestimmt nicht einfachen Aufgabe zur Seite stehen. Doch je mehr wir in einem bewussten Kontakt mit den Engeln leben, desto mehr wird es ihnen möglich, uns genau in diesem Punkt zu inspirieren und zu führen. Durch diese Inspiration wird es uns allmählich gelingen, in unserer Liebesfähigkeit zu wachsen und die Liebe immer stärker zu leben und zu verwirklichen. Denn Engel sind einzig und allein Liebe – und diese kosmische Schöpfungskraft der Liebe wollen sie Schritt für Schritt auch in uns erblühen lassen.

Gebet an meinen Engel

Du, der du mich mit Liebe umhüllst,
du, der du mir die Weisheit schenkst,
du, der du mich so viel besser kennst
als ich mich selbst –
ich danke dir für deine Treue, für deine Geduld,
für deine Wärme und für die liebevolle Führung,
die du mir zuteil werden lässt.

Möge das, was du in meinem Herzen liest,
dich auf deinem Weg inspirieren.
Mögen das Unverständnis und die Unwissenheit,
die mich so oft erfüllen,
dich nicht von deiner Liebe abhalten,
die du für mich und für den Weg, den ich gehe, bereithältst.

Mögen alle Engel zusammen
Und das Licht des Universums
Dich tragen und erleuchten
Auf deinem Weg.
Und möge meine Liebe zu dir
ein kleiner Lichtfunken sein
Auf deinem Weg.

Gott segne dich!
Amen.

Wo auch immer Menschen zusammenkommen und für eine Stunde, für einige Stunden, für einen Tag, eine Woche oder einen Monat eine Gruppe bilden und sich miteinander verbinden, wird immer aus der geistigen Welt ein Engel zu dieser Gruppe entsandt, um mit seiner Energie und mit seinen geistigen Kräften das Zusammensein dieser Gruppe zu beschützen. Ob wir uns dessen nun bewusst sind oder nicht, jede Gruppe wird von einem solchen Gruppenengel begleitet. Wenn die Mitglieder der Gruppe ihr Herz wirklich füreinander öffnen, kann dieser Engel die verbindenden Kräfte des Herzens segnen und stärken. Wenn man dieses Wissen bewusst einsetzt, kann man entdecken, welche Wunder manchmal in einer Gruppe geschehen können, deren Mitglieder auf diese Weise zusammensein möchten. Manchmal ist die inspirierende Kraft des Gruppenengels dann so spürbar und inspiriert diese Gruppenmitglieder bisweilen so stark, dass sie selbst darüber erstaunt sind, was sie alles sagen und miteinander teilen möchten. Es scheint also, als würden die Einsichten in solch einer Gruppe leichter in uns erwachen als in anderen Situationen. Daher kann es wichtig sein, sich als Gruppe die Anwesenheit dieses Engels bewusst zu machen und ihn/sie willkommen zu heißen, um so auch bewusst als Gruppe den Kontakt zum Engel zu knüpfen. Denn wo eine bewusste Verbindung entsteht, wird die segnende Kraft dieses Gruppenengels stärker spürbar als sonst. Dieser Idee entstammt das folgende Lied, das nicht nur die Engel einladen möchte, sich mit uns zu verbinden, das nicht nur unserem

Schutzengel danken, sondern das insbesondere den Gruppenengel willkommen heißen möchte. Das Lied kann auf die Melodie des bekannten Kirchenliedes „Erweckt mich alle Morgen..." gesungen werden.

Engel-Gebet

Wir rufen euch in Liebe,
ihr Engel, kommt zu uns.
Lasst Liebe in das Herz ein,
erhebet uns ins Licht.

Ihr Engel mir doch schenket,
mein Leben lang viel Hilf,
Ich dank' euch für die Wärme,
für all die Liebeskraft.

Ihr seid heute gekommen,
steht mitten unter uns,
ihr Engel der Verbindung,
die Herz mit Herzen eint.

Ihr segnet uns mit Liebe,
schenkt Einsicht unserm Herz,
lasst fließen, was verhärtet ist,
ihr öffnet auch mein Herz.

Lasst uns erfahren dürfen,
dass ihr all' bei uns seid,
erhebt nun unsre Herzen
ins Reich des Himmelslichts.

Der Gruppenengel kann auch mit folgendem Lied gepriesen werden, das auf dieselbe Melodie gesungen werden kann:

Engellied

Du Engel von Gottgnaden,
zu uns herabgeeilt,
willst du uns inspirieren,
erleuchten jedes Herz.

Wir bitten dich – komm' zu uns,
behüt' uns allesamt,
erfüll' das Herz mit Liebe,
umhüll' uns mit dem Licht.

Verein' dich doch mit uns hier,
wir bitten dich: so komm'!
Send' Liebe und Vertrauen
Im Stillen zu uns hin.

Abschließen möchte ich mit einem Lied auf den Erzengel Michael. Gerade durch das gemeinsame Singen solcher Lieder wird das, was vielleicht für uns anfangs noch fremd und unwirklich erscheint, immer vertrauter. Zu singen ist eine Möglichkeit, um das, was wir bereits über den Verstand begriffen haben, nun auch noch über unser Herz zu erfassen.
Auch dieses Lied kann auf dieselbe Melodie gesungen werden.

Michaelslied

Wir danken dir, Fürst Michael,
dass du das große Licht
gesendet hast auf Erden,
mit Kraft und mit Bedacht.

So strahlend ist dein Wesen,
so groß die Liebeskraft:
du bringst zu uns den Christus,
der uns tröst' und bewacht.

Heil in uns jeden Schmerz,
gib' Einsicht unserm Herz.
Erfüll' uns mit Vertrauen,
hüll' uns in Gottes Licht.

Anmerkungen

1) Siehe dazu: Hans Stolp, „De verschijningen van Christus in onze tijd", Ten Have, Kampen 2002
2) Für diesen Beitrag danke ich Frau J. Zuidersma.
3) 2. Korinther 12, 2-4
4) Siehe Apostelgeschichte 17
5) Siehe beispielsweise: Ewald Grether, „Geistige Hierarchien. Der Mensch und die übersinnliche Welt in der Darstellung großer Seher des Abendlandes", Verlag Die Kommenden, Freiburg i. Br., 3. Auflage 1980
    Der Leiter der Mysterienschule auf dem Areopag im 5. Jht. benannte sich selbst nach dem ersten Leiter der Schule, nach Dionysios dem Areopagiten. Wahrscheinlich nahmen alle späteren Leiter dieser Schule diesen Namen an. Der Name „Dionysios der Areopagit" ist also nicht nur der Name des ersten Leiters dieser Schule, sondern auch all seiner Nachfolger.
6) 1. Mose 19, 10-19
7) Offenbarung 19, 10
8) 1. Korinther 6,3
9) Siehe hierzu beispielsweise: Ewald Grether, „Geistige Hierarchien", Verlag Die Kommenden, Freiburg i.Br., 3. Auflage 1980
10) Hans Stolp, „Wat Engelen ons doen", Ten Have, Baarn 1996
11) Siehe in Bezug auf die Silberschnur auch Prediger 12,6
12) Johannes 3,3
13) Matthäus 18,20
14) Matthäus 26,53
15) Offenbarung 5,11
16) Johannes 1,1
17) Hans Peter van Manen, Ron Dunselman, Lili Chavannes und Paul Mackay, „De Aartsengelen Uriel, Rafael, Gabriel en Michael", Pentagon, Amsterdam 1996. Das angeführte Zitat stammt aus dem Beitrag von Hans Peter van Manen, a.a.O., S. 23
18) Siehe hierzu und in Bezug auf das Verzeichnis von Trithemius von Sponheim oben angegebenes Buch S. 23, 24

19) Weitere Auslegung dieser vier Wesensteile eines Menschen in: Hans Stolp, „Jezus van Nazareth", Ankh-Hermes, Deventer 1998, S. 39 ff, und Hans Stolp: „Johannes de Ingewijde", Ankh-Hermes, Deventer 1999, S. 49 ff
20) 1. Mose 2, 7
21) Apostelgeschichte 2,3
22) 1. Thessaloniker 5,23
23) Heute wird dieses Wissen hauptsächlich von der Theosophie und der Anthroposophie weitergegeben. Kurz, aber bündig sind die verschiedenen Verkörperungen der Erde in folgendem Büchlein dargestellt: Mario Schoenmaker, „Occulte wereldgeschiedenis", Ankh-Hermes, Deventer 1989
24) Zur Silberschnur siehe Prediger 12, 6. Die Silberschnur verbindet bei einer Nah-Tod-Erfahrung den physischen Leib noch mit den drei anderen ausgetretenen Wesensteilen – mit dem Ätherleib, dem Astralleib und dem Ich. Im Schlaf verbindet die Silberschnur den physischen Leib und den Ätherleib, die auf dem Bett liegen bleiben, mit dem Astralleib und dem Ich, die ausgetreten sind.
25) Zu einer Beschreibung der sieben Zeitalter der Erde siehe: Mario Schoenmaker, „Occulte wereldgeschiedenis", Ankh-Hermes, Deventer 1989, S. 30 ff
26) Siehe dazu beispielsweise Frau Dr. Hayn in: Joanne Klink, Gilles Quispel, Jacob Slavenburg u.a., „Karma und Reinkarnation früher, jetzt und in Zukunft", Verlag Freies Geistesleben, Stuttgart 1995
27) Siehe hierzu u.a. oben angeführtes Werk von Mario Schoenmaker: „Occulte wereldgeschiedenis in een notedop". Auch in vielen Büchern von Rudolf Steiner ist viel über die verschiedenen Zeitalter der Erde zu finden, so z.B. in: „Die Wissenschaft vom Geheimnis der Seele", Verlag Freies Geistesleben, 10. Auflage, Stuttgart 1993, S. 119 ff, und in „Mensch – Schicksal – und Weltentwicklung", Verlag Freies Geistesleben, Stuttgart 1977. Rudolf Steiner spricht übrigens vom alt-indischen, alt-persischen und alt-ägyptischen Zeitalter. Mit dieser Vorsilbe will er deutlich machen, dass die Bezeichnung dieser Zeitalter sich nicht auf die heutige Bevölkerung von Indien, Persien/Iran oder Ägypten, sondern auf viel ältere Kulturstufen bezieht.
28) Siehe dazu beispielsweise mein eigenes Buch: „Die Geburt des Christus in uns – ein moderner Einweihungsweg", Ankh-Hermes, Deventer 2000
29) Elisabeth Haich, Einweihung, Ergolding 2000
30) Agrippa von Nettesheim hat im Mittelalter über dieses Wissen berichtet.
31) Zu dieser Ordnung der sieben Erzengel siehe beispielsweise Rudolf Steiner, „Vom Wirken der Engel, Themen aus dem Gesamtwerk 17", Verlag Freies Geistesleben, Stuttgart 1991
32) Siehe dazu Hans-W. Schroeder, „De hemelse hierarchieen", Christofoor 1983, S. 122
33) Siehe dazu Rudolf Steiner, „Vom Wirken der Engel, Themen aus dem Gesamtwerk 17", Verlag Freies Geistesleben, Stuttgart 1991, S. 151

34) Lukas 1, 5-23
35) Lukas 1, 26-38
36) Siehe dazu Margarete van den Brink, „Spiritualiteit en management", Ankh-Hermes, Deventer 2002
37) Diese gnostischen Schriften wurden in Nag Hammadi in Ägypten gefunden. Daher wurden sie auch als „Nag Hammadi-Schriften" bekannt. Sie wurden 1994 vom Verlag Ankh-Hermes in holländischer Sprache in der Übersetzung von Jacob Slavenburg und Willem Glaudemans herausgegeben. Ihr Titel lautet: „Nag Hammadi-Schriften I" und „Nag Hammadi-Schriften II".
Zusätzlich zu diesen Schriften wurden 1947 bei Qumran auch die alten Schriftrollen der Essener wiedergefunden. Sie sind als die „Schriftrollen vom Toten Meer" oder „Qumran-Schriften" bekannt.
38) Zur Ankunft des kosmischen Christus siehe mein Buch: „De verschijningen van Christus in onze tijd", Ten Have, Kampen 2002
39) Die Wurzel des karmischen Konflikts zwischen Israel und Palästina liegt in der Ungleichbehandlung von Isaak, dem Stammvater Israels, und Ismael, dem Stammvater der Araber. Obwohl Ismael der älteste Sohn war, wurde er von der Erbfolge ausgeschlossen und sogar des Hauses seines Vaters verwiesen. Siehe 1. Mose, Kap. 16 und 21.
40) Zur Ankunft Michaels aus der geistigen Welt: Offenbarung 10. Darin wird berichtet, dass er einen Fuß auf die Erde setzt und den anderen Fuß ins Meer. Wenn man dies bildlich vor sich sieht, sieht man gleichsam die zwei riesigen Beine emporragen, die das Tor formen, durch das Michael uns ins neue Zeitalter führt.
41) Offenbarung 12, 7-10
42) Siehe hierzu beispielsweise Hans-Werner Schroeder, „De mens en het kwaad", Christofoor 1987, S. 193 ff
43) Kolosser 1, 15-17